O MANUAL DA GAROTA GEEK

O Manual da Garota Geek

Tudo de que uma nerd precisa para dominar o mundo

SAM MAGGS

Tradução
Guilherme Kroll

ÚNICA editora

Diretora
Rosely Boschini

Gerente Editorial
Marília Chaves

Editoras
Carla Bitelli
Carolina Pereira da Rocha

Produtora Editorial
Rosângela de Araujo
Pinheiro Barbosa

Controle de Produção
Fábio Esteves

Tradução
Guilherme Kroll

Preparação
Balão Editorial

Design
Andie Reid

Ilustrações
Kelly Bastow

Diagramação
Balão Editorial

Revisão
Vero Verbo Serviços Editoriais

Capa
Thiago de Barros

Impressão
Vida & Consciência

Título original:
The fangirl's guide to the galaxy

Rua Pedro Soares de Almeida,
114, São Paulo, SP – CEP 05029-030

Telefone: (11) 3670-2500

Site: http://www.editoragente.com

E-mail: gente@editoragente.com.b

Dados Internacionais de Catalogação na Publicação (CIP)
(Câmara Brasileira do Livro, SP, Brasil)

Maggs, Sam
O manual da garota geek: tudo de que uma garota nerd precisa saber para dominar o mundo / Sam Maggs; tradução Guilherme Kroll. – São Paulo : Editora Gente, 2015.

Título original: The fangirl's guide to the galaxy
ISBN 978-85-452-0027-7

1. Cultura geek 2. Garotas - Comportamento 3. Garotas - Comportamento 4. Relações interpessoais I. Título.

15-01039 CDD-306

Índices para catálogo sistemático:
1. Garotas : Cultura geek : Sociologia 306

Para a minha mãe,
minha maior companheira de convenções,
maior apoiadora e maior garota geek que conheço.

E para o meu pai,
que me colocou no colo quando eu ainda
era um bebê para jogar *Doom* e *Myst*
(o que é, no mínimo, questionável,
mas que parece ter funcionado muito bem).

GAROTA GEEK

Sumário

Introdução

Uma de nós! Uma de nós!

Eu sou uma garota geek.

É muito comum as pessoas dirigirem essa expressão a mim em um sentido pejorativo. Para eu me sentir desvalorizada, burra e imatura. E quer saber? Eles não poderiam estar mais errados.

Ser uma garota geek é a melhor coisa que já me aconteceu. Minha nerdice me rendeu amigos por todo o mundo, mulheres que são as pessoas mais inteligentes, articuladas e maravilhosas que conheço. Os fandoms (grupos de fãs) me deram voz para defender as coisas pelas quais sou apaixonada. E ser uma garota geek é sempre animador — mais ninguém curte tanto assim as coisas que ama. Novo videogame? Surte com meses de antecedência por causa da arte da capa! Esperando por uma nova temporada de *Sherlock*? Crie vários GIFs para aplacar a dor! Brava pelo jeito que colocaram a pose da Viúva Negra no novo pôster? Mulher-Hulk esmaga o patriarcado! Além do mais, independentemente de seu fandom particular, meninas nerds estão dedicadas a apoiar as mulheres na mídia, sempre forçando uma meta de aceitação, diversidade e representação justa. E nós conseguimos fazer tudo isso contendo nossos gritinhos de satisfação. Pelo menos, na maior parte do tempo.

Sabemos no que estamos metidas, amamos muito e nos sentimos bem com isso. Mas não é fácil.

Com frequência as garotas geek sofrem, e são marginalizadas e mal recebidas na comunidade nerd. Mulheres são esquecidas nos jogos on-line, acusadas de ser usuários homens disfarçados de mulher, de estar desesperadas por atenção, são assediadas quando estão fazendo cosplay e, o pior de tudo, silenciadas. Alguns caras nerds não gostam que elas estejam invadindo o espaço deles e ficam obcecados em guardar os portões de entrada, tentando decidir quem "conta" como um fã de verdade. Você não é um fã de verdade se gostar só dos filmes da Marvel; você não pode estar na comunidade dos animes e mangás a não ser que domine o japonês; você não pode se vestir como Miss Marvel a não ser que tenha lido todas as histórias em quadrinhos dela, de todos os tempos. Uma vez um funcionário de uma gibiteria se recusou a me atender a não ser que eu nomeasse todos os personagens que já integraram o grupo dos Vingadores. Você sabe quantos personagens são? Muitos. Acha que ele perguntaria isso para um cara que entrasse na loja? Vou considerar que respondeu "não, né", porque sei que você sabe que isso nunca aconteceria.

E você sabe o que é mais louco em tudo isso? Há cada vez mais audiências nerds compostas por bat-toneladas de garotas geek. (Porque, aviso de spoiler: cerca de metade dos fãs de qualquer coisa são mulheres.) De acordo com uma pesquisa da Entertainment Software Association feita em 2014, garotas gamers com idade acima de 18 anos compõem 36% do total de jogadores de videogames. Em comparação, rapazes com menos de 17 anos compõem 17% desse total. Nos últimos anos, mais da metade das discussões nas redes sociais durante a San Diego Comic Con foram iniciadas por contas gerenciadas por garotas geek. A rede de TV *Syfy* tem tido grandes audiências de garotas com idade entre 18 e 34, em parte graças a séries direcionadas a mulheres e simpatizantes do público LGBT, como *Lost Girl*, *Continuum*, *Bitten* e *Haven*. As mulheres estão se tornando a força motriz por trás da cultura geek e não devem ser relegadas a segundo plano.

Saber que nós basicamente podemos fazer nosso próprio exército, derrubar guardiões elitistas e estabelecer nosso glorioso reinado (*rainhado?*) de lady-nerds me faz pensar com honestidade por que diabos nós ainda não fizemos isso. Estamos melhorando: estamos conseguindo cada vez mais espaço on-line, enfrentando os trolls e nos recusando a ficar em silêncio. Alguns dicionários em inglês até acrescentaram em sua lista o termo "fangirl". Somos legitimadas agora.

Mas, apesar de todos os artigos on-line sobre ser uma incrível garota nerd, as grandes postagens em Tumblrs feministas sobre *Sailor Moon* e bandas como Doubleclicks que fazem sucesso pelo mundo, algo ainda estava faltando, e era um livro impresso que dissesse: "Ser uma garota geek é a melhor coisa do mundo e aqui estão todas as formas para que você faça mais coisas nerds que são legais, sem nunca precisar se desculpar por isso porque você é a pessoa mais sensacional, tenho orgulho de você e você é linda".

Não falta mais. Então aqui está, garotas, *O manual da garota geek*. Espero que neste livro você possa encontrar algumas ideias para a sua festa de estreia do novo *Star Wars*, descubra como tornar o seu amigo da vida real um membro do fã-clube de *Supernatural*, *Doctor Who* e *Sherlock*, e, por fim, desbrave sua primeira convenção em um cosplay completo, aprenda como iniciar um blog legal dedicado à sua mais louca paixão e desenvolva uma réplica espirituosa para quem se atrever a acusá-la de ser uma falsa garota geek.

Depois você pode voltar para a maratona de *O Senhor dos Anéis* (edição estendida, óbvio). Prometo.

PAUSA

Atenção, humanos! Embora este livro se chame *O manual da garota geek*, você não precisa ser alguém que se identifica com o gênero feminino para apreciá-lo! Se você se considera um [garoto] geek, então este livro também é para você. (E, se ainda não se considera, dê uma folheada nele mesmo assim... Você pode acabar se convertendo.) Uma de nós! Uma de nós!

Capítulo 1

É bom ser uma geek

Saudações, nerdianos! De caminhar, a conversar, passando por comprar adoráveis camisetas limitadas, nós, garotas geek, gostamos de expressar livremente o que levamos em nosso coração de 8-bits. Se você for tímida, não tenha medo: aqui encontrará dicas para descobrir sua personalidade geek, aprendendo a linguagem e desabrochando para se tornar a incrível e orgulhosa garota nerd que sempre quis ser.

Um mapa para a garota geek

Cada garota geek é diferente. Sua identidade nerd é determinada pelo fandom que lhe dá mais emoções. Mas, mesmo dentro dos fandoms, seria loucura assumir que sou capaz de descrever cada garota com precisão. O PP de uma garota geek é o NPP de outra; uma gosta do reboot e outra ama a versão original. Somos especiais e únicas, e eu adoro isso.

Alguns fandoms, porém, são tão populares que usam suas características com orgulho, e é quase garantido que você é membro de pelo menos um deles. Aqui seguem os mais fantásticos fandoms da internet, junto com suas características definidoras e conselhos sobre como se tornar um membro (porque nós sabemos que pode ser assustador embarcar em uma nova aventura).

Potterianas ou Potterheads

FANDOM: Harry Potter

CARACTERÍSTICAS DEFINIDORAS:

- Profundo entendimento do verdadeiro sentido da amizade
- Voracidade e foco para ler livros longos
- Amor pela rainha J. K. Rowling.

PRINCIPAIS ACESSÓRIOS: Camiseta ornamentada com o brasão de Hogwarts; cachecol de uma das quatro casas; tatuagem das relíquias da morte; caneta-tinteiro em formato de pena; edições em capa dura dos sete livros; uma coruja empalhada; um boneco do Harry Potter; um cofrinho secreto comprado em sua viagem ao parque do Harry Potter; brincos em forma de rabanete como os da Luna; um vira-tempo; vassoura.

COMO SE TORNAR UMA: Leia o primeiro livro — *Harry Potter e a pedra filosofal* — e depois leia os seis seguintes. Sei que existem os filmes, mas vá lá e leia os livros.

DEBATES INTERMINÁVEIS: Qual filme é a melhor adaptação dos livros? Hermione deveria ter ficado com Rony ou com Harry? Snape era um romântico incurável ou um obcecado bizarro, ainda que um bom sujeito?

SuperWhoLockians

FANDOM: *Supernatural* (para as saltgunners ou hunters), *Doctor Who* (para as whovians ou quensianas) e *Sherlock* (para as sherlockianas)

CARACTERÍSTICAS DEFINIDORAS:

- Desejo extremo por relacionamentos entre os homens da série
- Relação de amor e ódio com os responsáveis pelas séries
- Paixões intensas por cada membro do elenco

PRINCIPAIS ACESSÓRIOS: Laço vermelho no cabelo; chave de fenda sônica; capa de celular no formato da TARDIS; cachecol azul; violino; papel de parede adamascado; chaves para um Impala; camiseta de caçador de demônio; bracelete de caveira como o de Dean.

COMO SE TORNAR UMA: *Sherlock* e *Supernatural* são fáceis — é só começar a ver o episódio 1 da primeira temporada. Já com *Doctor Who* você pode começar com o reinício de 2005, no episódio "Rose", ou pode pular direto para 2011, no primeiro episódio do Matt Smith, "The Eleventh Hour", ou então pode voltar no tempo (rá!) e ver a série original, que foi ao ar a primeira vez em 1963.

DEBATES INTERMINÁVEIS: *Supernatural:* Dean e Castiel estão a fim um do outro ou não? *Doctor Who*: as últimas temporadas de Steven Moffat foram as piores ou não? *Sherlock*: Sherlock e John estão a fim um do outro ou não?

Ringers ou Tolkianos

FANDOM: *O Senhor dos Anéis*, *O Hobbit* e todas as criações de J.R.R. Tolkien

CARACTERÍSTICAS DEFINIDORAS:

- Constantes intervalos para refeições (você disse segundo café da manhã?)
- Aceitação e/ou amor por pés peludos
- Sibilar "meu precioso" de vez em quando

PRINCIPAIS ACESSÓRIOS: tatuagem em élfico; colar da Evenstar; muitos cintos de couro; mochila cheia de lanches; cópias de cada um dos livros (incluindo o chamado *legendarium*, que compila *O Silmarillion* e outros títulos que compõem a expansão da Terra-Média).

COMO SE TORNAR UMA: Se estiver intimidada pelo tamanho dos livros de *O Senhor dos Anéis*, comece por *O Hobbit* para uma rápida introdução à Terra-Média e uma boa leitura. Se aspira a completude, tente *O Silmarillion* (ou pode mergulhar ainda mais profundamente na obra do Tolkien com *The Tolkien Reader*, uma compilação de contos, poemas e textos de não ficção). Se quiser tentar os filmes, comece por *A Sociedade do Anel*.

DEBATES INTERMINÁVEIS: Por que há tão poucas mulheres em *O Senhor dos Anéis*? *O Hobbit* precisava mesmo ser em filmes separados? Tauriel é demais, mesmo não fazendo parte do cânone dos livros? (Spoiler: sim.) Por que Gandalf não podia simplesmente mandar as Águias levarem o anel para as Montanhas da Perdição?

Otaku

FANDOM: Anime e mangá. (Note que *otaku*, embora seja um termo tipicamente aceitável no Ocidente, continua sendo uma ofensa em potencial no Japão. Neste livro, uso o termo no melhor sentido possível, como faço com "geek" e "nerd.")

CARACTERÍSTICAS DEFINIDORAS:

- Habilidade de ficar sentada para assistir a 200 episódios seguidos de uma série

- Conhecimento de termos comuns do japonês
- Ser especialista em abraços apertados (com consentimento)

PRINCIPAIS ACESSÓRIOS: Brincos com as dragonballs; edições novas de *Sailor Moon*; bonecos de pelúcia de Ein e Appa; tatuagem da Nami no braço; o diário de *Death Note*; mochila com uma insígnia de *SNK* ou de ginásios Pokémon.

COMO SE TORNAR UMA: Os mundos do anime e do mangá são vastos e podem ser assustadores. Para uma introdução ao mangá, *Sailor Moon* é um clássico (e porta de entrada para o mundo mágico do gênero de histórias direcionado para garotas). Para animes, mergulhe em séries que têm um número finito de episódios — *Cowboy Bebop*, por exemplo, avassaladoramente considerada uma das melhores de todos os tempos, vem em apenas 26 episódios de meia hora (ou "sessões") e um filme.

DEBATES INTERMINÁVEIS: Legendados ou dublados? A versão antiga do anime ou a nova? O anime ou o mangá? *Pokémon* ou *Yu-Gi-Oh!*?

Trekkers

FANDOM: *Star Trek* ou *Jornada nas Estrelas* em suas várias e gloriosas versões.

CARACTERÍSTICAS DEFINIDORAS:

- Aversão extrema a roupas vermelhas
- Ser expert na saudação vulcana
- Gritar "KHAAAAAAAN!" quando estiver frustrada

PRINCIPAIS ACESSÓRIOS: O vestido de oficial de comunicação da Tenente Uhura; capa de celular que imita um comunicador; brincos em formato do símbolo da Frota Estelar; um colar klingon; pequena réplica de um pingo.

COMO SE TORNAR UMA: Trekkers mais radicais podem discordar, mas eu começaria com a refilmagem de 2009 feita pelo J. J. Abrams: é estrelada por vários gatinhos e, já que é uma refilmagem, você não precisa de nenhum conhecimento prévio de *Star Trek* para curtir. Se quiser entrar em algumas das séries, há duas boas portas: *Star Trek: The Next Generation* (também conhecido como *Jornada nas Estrelas: A Nova Geração*), que é um clássico, estrelado por Patrick Stewart e um bando de tripulantes adoráveis; ou *Star Trek: Voyager*, a única série da franquia que tem uma capitã, a minha favorita da franquia.

DEBATES INTERMINÁVEIS: A série original ou a nova geração? Por falar nisso, Kirk ou Picard? Por que fizeram *Star Trek: Enterprise*? Há outra forma de pedir chá, se não "Earl Grey, quente"? *Star Trek* ou *Star Wars* (e isso realmente importa já que agora J. J. Abrams faz ambas?)?

Star Warriors

FANDOM: *Star Wars* — sim, até os primeiros episódios.

CARACTERÍSTICAS DEFINIDORAS:

- Paixão aguda por Han Solo
- Respeito e desdém por George Lucas
- Ódio enfurecido e intenso pelo Jar Jar Binks

PRINCIPAIS ACESSÓRIOS: Camiseta da Aliança Rebelde; fones de ouvido que parecem com as tranças da Princesa Leia; tatuagem de um sabre de luz no dedo; mochila do Yoda.

COMO SE TORNAR UMA: Comece pelo *Episódio IV: Uma Nova Esperança* e veja a trilogia original. (Embora você esteja, em tese, começando pelo meio da história, todo o resto do mundo fez o mesmo — esse foi o filme que veio primeiro —, então não importa.) Uma vez que tenha se apaixonado pela trilogia original (Episódios IV, V e VI), poderá ver os filmes mais recentes (Episódios I, II e III) e comentar a respeito de sua inferioridade de proporções épicas. E não negligencie a qualidade da série de TV *Star Wars: The Clone Wars*.

DEBATES INTERMINÁVEIS: Vamos todos concordar que Han atirou primeiro? Será que o George Lucas sempre soube que Luke e Leia seriam irmãos? Qual dos primeiros episódios é o pior? (*O Ataque dos Clones*, para sua informação.)

Unsullied [Puros] e Bookwalkers [Caminhantes dos Livros]

FANDOM: *Game of Thrones* (a série de TV) e *Guerra dos Tronos: As Crônicas de Gelo e Fogo* (os livros). Os Unsullied são os fãs da série que não leram os livros ainda, enquanto os Bookwalkers estão bem à frente.

CARACTERÍSTICAS DEFINIDORAS:

- Desejo louco de ter seus próprios bebês dragões
- Saber que todos devem morrer
- Compreensível aversão a casamentos

PRINCIPAIS ACESSÓRIOS: Colar de uma das casas; cabelo trançado de maneira intricada; piercings em forma de dragão; cães huskies; calças estampadas com textura de ovos de dragões; uma cadeira bem desconfortável; convites de casamento rasgados.

COMO SE TORNAR UMA: Se você quer metade do comprometimento (e metade dos detalhes), assista à série; senão comece pelo primeiro livro, *A Guerra dos Tronos – Crônicas de Gelo e Fogo*, e se prepare para passar o restante do ano (ou da vida) assistindo à série.

DEBATES INTERMINÁVEIS: Quem vai terminar no Trono de Ferro? Quem são os verdadeiros pais de Jon Snow? Será que alguém vai sobreviver até o final? As mudanças nas personagens femininas na série são aceitáveis ou injustas?

Marvetes ou Marvelmaníacas

FANDOM: Quadrinhos e filmes do universo Marvel

CARACTERÍSTICAS DEFINIDORAS:

- Paixão por qualquer um dos Vingadores
- Respeito saudável por Scarlett Johansson
- Relutância em falar mal das refilmagens do Homem-Aranha

PRINCIPAIS ACESSÓRIOS: Camiseta da S.H.I.E.L.D.; cinto da Viúva-Negra; delineador fortemente carregado; um anel com o formato do escudo do Capitão América; brincos em formato de estrelas da Capitã Marvel; esmalte verde como a roupa do Loki.

COMO SE TORNAR UMA: Não dá pra errar começando pelo primeiro filme do Homem de Ferro e seguindo todo o universo cinematográfico da Marvel. Se você está entrando nessa pelos quadrinhos, vá com *Fugitivos*, uma série sobre adolescentes cujos pais são supervilões. Vários dos seus favoritos (como Wolverine e Capitão América) fazem participações especiais nesses quadrinhos criados pelo genial Brian K. Vaughn e que tiveram algumas edições escritas pelo próprio Joss Whedon.

DEBATES INTERMINÁVEIS: Exatamente quão melhores somos em relação à DC? Qual é o melhor Vingador? Quão legal é o fato de Thor ser uma mulher agora? (Muito.) Como deixar tudo bem para o Soldado Invernal?

Bat-girls ou DCnautas

FANDOM: Quadrinhos e filmes do universo DC

CARACTERÍSTICAS DEFINIDORAS:

- Uso exacerbado de bat-tranqueiras
- Pesadelos ocasionais com o Coringa aparecendo na sua casa como em *A Piada Mortal*
- A opinião imutável de que o Aquaman é o cara

PRINCIPAIS ACESSÓRIOS: Camiseta vermelha, cinto amarelo e saia azul com estrelas; colar com o bat-símbolo; bolsa da Arlequina; faixa de cabelo com orelhas de gato; sapato de salto com estampas de quadrinhos.

COMO SE TORNAR UMA: Se você for uma garota que gosta de cinema, vá direto para a trilogia do Batman feita pelo Christopher Nolan (Clooney, eu amo você, mas os trajes com mamilos eram muito estranhos). Se prefere os quadrinhos, comece pelos encadernados dos Novos 52 (o evento que resetou todo o universo DC): pegue o primeiro volume de Batwoman (de J. H. Williams III e W. Haden Blackman) e o primeiro volume de Batgirl (de Gail Simone), dos Novos 52, mas também tente Novos 52 Aquaman, Homem-Animal e Monstro do Pântano, se estiver se sentindo confiante.

DEBATES INTERMINÁVEIS: Exatamente quão melhores nós somos em relação à Marvel? Batman ou Superman? Batman versus Superman? O Ben Affleck como Batman vai ser incrível ou um grandessíssimo erro? Por que todo mundo pensa que o Aquaman é tão terrível?

YA Book Nerds [Nerds de Livros Juvenis]

FANDOM: Literatura juvenil

CARACTERÍSTICAS DEFINIDORAS:

- Amor por casais em situações difíceis, especialmente apresentados em trilogias
- Ressacas crônicas de pós-livros bons
- Habilidade de ler enquanto anda

PRINCIPAIS ACESSÓRIOS: Uma camiseta "Ok? Ok"; tatuagem em formato de pássaro; broche de um tordo; pente em formato de tridente; colar com runas angelicais; anel com o símbolo do infinito; anel com um olho de dragão.

COMO SE TORNAR UMA: Leia! Vá além dos best-sellers, procure boas séries de distopias, tipo *O teste*, de Joelle Charbonneau, ou *Maze Runner*, de James Dashner. Procure outros estilos, como steampunk. Romance arrebatador em uma nave estelar? Leia *Através do Universo*, de Beth Revis. E não se esqueça dos clássicos como *As vantagens de ser invisível*, de Stephen Chobsky, *Outsiders – Vidas sem rumo*, de S. E. Hinton, ou os livros da série Vaga-lume.

DEBATES INTERMINÁVEIS: Time Gale ou Time Peeta? Exatamente por que o mundo precisa de facções ou distritos? Como *Uma aflição imperial* termina de verdade?

Whedonitas

FANDOM: O Whedonverso: qualquer coisa feita pelo mestre Joss Whedon (*Buffy, Angel, Firefly, Dollhouse, Dr. Horrible's Sing-Along Blog...*)

CARACTERÍSTICAS DEFINIDORAS:

- Cadência muito particular no discurso
- Ódio pela rede de TV FOX
- Devoção intensa e selvagem nos olhos quando alguém menciona Joss

PRINCIPAIS ACESSÓRIOS: Casaco marrom; colar com pingente de cruz; calças de couro apertadas; camiseta do Capitão Hammer; gorro do Jayne; caixa de cereais de Serenity; o tomo do Conselho de Observadores; lágrimas (por causa do cancelamento de *Firefly*).

COMO SE TORNAR UMA: está um pouco datada, mas não há como errar começando pela primeira temporada de Buffy. Se para você for muita coisa, tente ver Firefly e fique instantaneamente obcecada. Se já viu tudo isso seis vezes (presente!), procure os quadrinhos de Buffy produzidos pelo próprio Joss Whedon e lançados no Brasil.

DEBATES INTERMINÁVEIS: Spike ou Angel? *Buffy* ou Angel? POR QUE a FOX cancelou *Firefly*?!

Garotas gamers

FANDOM: Videogame. Óbvio.

CARACTERÍSTICAS DEFINIDORAS:

- Olhos que não se cansam após um dia inteiro jogando
- Grande repertório de respostas a trolls
- Tendinite

PRINCIPAIS ACESSÓRIOS: Computador com todos os acessórios para jogar; apoio específico do console para as mãos; brincos de Companion Cube; capuz do N7; tatuagem da Triforce; presilha de cabelo dos Space Invaders; vestido do Game Boy; cogumelo da vida de pelúcia; um gato chamado Dovahkiin.

COMO SE TORNAR UMA: Pegue um PS3 ou um Xbox 360 e comece a jogar pelo grande catálogo de games disponíveis para cada console. Só porque os jogos não são novos não significa que não são legais! Se gosta de fantasia ou de games com boas histórias e personagens, uma escolha acertada é *Dragon Age: Origins*; você pode tentar *Little Big Planet*, se gostar de jogos fofinhos de plataforma, ou Portal, se estiver atrás de um bom quebra-cabeça.

DEBATES INTERMINÁVEIS: Super Nintendo ou Mega Drive? PC ou console? *The Sims* conta como jogo? (Resposta: com certeza.)

Disnerds

FANDOM: Disney

CARACTERÍSTICAS DEFINIDORAS:

- Nostalgia pesada dos filmes da infância
- Conhecimento enciclopédico de letras de músicas
- Grandes sonhos, grandes olhos, cabelos compridos

PRINCIPAIS ACESSÓRIOS: Coleção gigantesca de DVDs; incontáveis acessórios com temas das princesas; cabelos esvoaçantes; animais de pelúcia como companheiros (Linguado, Olaf, Mushu, Pascal, Meeko etc.).

COMO SE TORNAR UMA: Você deve ter crescido assistindo aos clássicos da Disney, mas reveja tudo em uma maratona — garanto que ainda se lembra das músicas. Para um *girlpower* mais moderno, comece com *Frozen*, afinal: Elsa.

DEBATES INTERMINÁVEIS: Animação tradicional ou digital? Primeira onda, "era de ouro" ou clássicos modernos? *A Bela e a Fera* é romântico ou rola uma síndrome de Estocolmo? Elsa é lésbica ou casa com Jack Frost? É possível a Mulan ser mais durona?

Esta lista está longe de ser completa! Um cumprimento a todas as Gleeks, Fannibals, Nerdfighters, Marshmallows, Gaters, Scapers, Wolfers, Oncers, Atimers, Irrelevants, Interns, Castillions, Madokies, Walker Stalkers, Assassins, Smashers, Merlinians, Squints, Toasters, Dreadfuls, Queen's Readers, Homestucks, Jaegers, Moonies, Initiates, Gearheads, Truebies, Titans, Human Beings, X-Philes, Cortexifans, Psych-Os, Hetalians, Sleepyheads, Rum Runners, Janeites, Shadowhunters, Bleachers, Wingnuts, Suitors, Lostralians, Arrowheads, Scoobies, Roomfriends, Pinenuts, Digifans, Evageeks, Lawsbians, o Clone Club, a Carol Corps e de todos os outros fandoms que existem por aí.

Papo sério: como falar o idioma das garotas geek?

Alguma vez você já perdeu o seu poder? Com frequência se sente sobrecarregada de emoções? As suas frases de afeto são carregadas com maldições violentamente épicas? Se sim, parabéns — você já entende o idioma das garotas geek, a língua escolhida pelas nerds de todo o mundo. No entanto, se estiver intimidada ou confusa pela comunicação entre as fãs, não se preocupe, você não está sozinha. É basicamente como aprender um dialeto do seu idioma habitual, porém, é divertido e completamente relevante para todas as coisas que ama.

Agora, a mídia, trolls e Smaug (provavelmente, se Smaug for o verdadeiro Smaug dos livros e não o desconfortavelmente atraente Cumber-Smaug dos filmes) têm escrito diatribes sobre como a linguagem das garotas geek soa estúpida, iletrada, frívola e superficial. Mas veja o seguinte: garotas geek — toda uma comunidade internacional de mulheres — juntaram-se para desenvolver formas de se comunicar. E isso é fantástico.

AVISO: A interweb é uma coisa rápida (talvez seja por isso que eu nunca consigo terminar trabalho nenhum). A lista a seguir é feita em cima dos termos que mais prevaleceram, duraram e foram relevantes, então se você encontrar algo on-line que não está aqui, desculpe-me. Mas também é por isso que o idioma das garotas geek é tão radical.

Canônico e Headcanon

"Canônico" é tudo aquilo que é aceito como parte do universo ficcional "oficial" de uma mitologia, que tenha sido apresentado em algum episódio/filme/livro ou efêmero oficialmente sancionado, como personagens, lugares e fatos. O termo foi primeiro usado em referência ao trabalho de Arthur Conan Doyle na série de livros de seu personagem Sherlock Holmes e servia para distinguir o trabalho de Doyle da miríade de outros autores que usavam Holmes como personagem de suas histórias (sherlockians, devemos essa a vocês). Se você tem uma ideia que foge do que é canônico, mas decidiu considerar como algo que faz parte da história, chama isso de "headcanon" ou talvez de "fanon".

EXEMPLOS: Sherlock toca violino, usa lenços e vive no 221B da Baker Street? Canônico. John Watson gosta de dançar ouvindo Nicki Minaj enquanto ajuda a resolver os casos? Headcanon. (Por enquanto.)

Sentimentos

Fangirls tendem a ter muitos sentimentos... Tantos que, de fato, a palavra entrou para o vocabulário comum. Quando algo na ficção afeta você em um nível emocional, *está acertando bem nos sentimentos* ou, de outro jeito, *provocando todos os sentimentos do mundo.* (Surpreendentemente, o termo em inglês, "*feels*", usado desse jeito, já está aí há muito tempo, pelo menos desde 1782, quando Georgiana, Duquesa de Devonshire, escreveu em uma carta para sua mãe que "sentimentos" tinham feito com que chorasse e tivesse insônia, algo similar ao que acontece com uma garota geek moderna ao terminar a trilogia *Mass Effect*.)

EXEMPLOS: O fim de *Harry Potter e as relíquias da morte* me deram tantos sentimentos. Todos os sentimentos. Cada um deles.

Glomp

Um abraço entusiasmado, também conhecido como combinação de abraço com ataque. Esse tipo de abracinho é mais comum em animes e mangás; a palavra "glomp" (originada da palavra em inglês "glom", que significa agarrar, acrescentada de um "p" para dar efeito) surgiu primeiro em traduções de mangás para o inglês feitas pela Viz Media, que colocou essa onomatopeia relacionada a esses abraços. Glomps são apropriados quando encontramos amigos da internet na vida real ou quando você gosta de alguém de verdade (e só quando tem permissão, em ambos os casos).

EXEMPLOS: "Não vejo você há eras, amigo!" *glomp*

GPOY – foto gratuita

Um acrônimo em inglês para "gratuitous picture of yourself", ou seja "foto desnecessária de você mesmo". Esse termo pode definir uma selfie real (tá bonita, garota!) ou algo ridículo que você acha que é uma representação perfeita do seu estado de espírito atual (i.e., um gato gordo dormindo de costas; uma imagem de um Kaiju destruindo as ruas de Hong Kong). Também pode ser usado de forma intercambiável com a frase "eu NVR (Na Vida Real)"

EXEMPLOS: [Um GIF da Sailor Moon comendo guiozas ou uma selfie particularmente fofa] GPOY

Pra mim chega

Essa maravilhosa frase de muitos propósitos pode ser usada para expressar quase tudo, de extrema felicidade a raiva intensa. Quando "chega" pra você, significa que não dá para contribuir mais com a conversa por uma série de motivos. Podem ser bons ou ruins; o contexto é a chave.

Variações incluem "não posso", "perdi a habilidade de poder" ou "não sou capaz de poder", "socorro", "morri", "estou morrendo", "chorando", "pfv", e por aí vai. "Cadê o ar?" é uma particularmente bonita que expressa que está rindo tanto que não consegue mais respirar.

EXEMPLOS: "Acabei de ver um GIF tesudo do Benedict Cumberbatch dançando/um post hilário no Tumblr/um troll tentando dar uma de machão sabe-tudo. Pra mim chega."

Meu corpo está pronto

Embora esta frase também possa ser usada como uma expressão de afeto (como em "meu corpo está pronto para o seu corpo chegar junto"), também pode ser apropriada quando se fala de algo pelo qual você está muito ansiosa/animada. É comum essa expressão vir acompanhada de uma foto ou um GIF de alguém com uma pose sedutora (ou bizarra). Reggie Fils-Aime (o presidente e diretor da Nintendo das Américas e um grande durão) cunhou a frase em 2007, quando disse "Meu corpo... meu corpo está pronto", antes de subir na balança do WiiFit na coletiva de imprensa durante a E3.

EXEMPLOS: "*Once Upon a Time* foi renovada para mais uma temporada! Meu corpo está pronto." "Meu autor favorito postou um novo capítulo! Meu corpo está pronto." "O novo *Zelda* foi anunciado! Meu corpo está pronto."

Par perfeito (PP)

Aquele casal romântico de personagens especiais mexe com as suas emoções de um jeito que nenhum outro faz? Então esse é o seu par perfeito, ou PP. Se você sente que tem alguns PPs, pode ranqueá-los como, PP1, PP2, PP3, e assim sucessivamente. Você também poder ter um BROPP, aquela dupla de amigos que são seus favoritos — assim, "bros" (do inglês "brother", que significa "irmão") (Fãs de *Psych*, estou falando com vocês). Se há algum par que não suporta e nunca suportará, ele é o seu NPP. E você não tem de limitar o seu relacionamento favorito a dois personagens — se houver um terceiro envolvido, pode ser o seu TP (Trio Perfeito).

EXEMPLOS: "Sam Carter e Jack O'Neill de *Stargate SG-1* formam meu PP favorito, então Sam e Pete Shanahan são definitivamente um NPP." "Natasha Romanoff e Steve Rogers são adoráveis juntos, mas nunca shiparia os dois, são muito BROPP."

Shipar

"Shipar" vem da palavra em inglês "relationship", que quer dizer "relacionamento", e é um verbo para criar um par romântico, o ato de querer muito que duas pessoas se beijem/fiquem juntas/façam muito sexo. É comum garotas geek shiparem personagens ficcionais, mas somos conhecidas por shipar gente NVR também. Na verdade, você pode shipar qualquer pessoa ou coisa. Guerras shipers — quando shipers de shipes conflitantes entram em discussões acaloradas — são comuns no fandom, mas devem ser evitadas. Podemos todas nos entender.

EXEMPLOS: "Eu shipo Kirk/Spock e Mulder/Scully, mas shipar Minerva McGonagall/Tom Riddle me deixa louca."

Nomes de casais

De um modo muito parecido com o jeito terrível que as revistas de fofoca fazem com casais reais, garotas geek tradicionalmente criam nome para casais fictícios. É comum que nomes de casais sejam uma junção dos prenomes dos dois membros da relação (i.e., Spike + Buffy = Spuffy), mas também pode ser algo incomum e idiossincrático, que apenas pessoas daquela base de fãs em particular vão entender.

EXEMPLOS: Caskett (Castle/Beckett, de *Castle*), Pepperony (Pepper Potts/Tony Stark, de *Homem de Ferro*), Whouffle (O 11° Doutor/ Clara, de *Doctor Who*), Doccubus (Lauren/Bo, de *Lost Girl*), Peeniss (Katniss/Peeta, de *Jogos Vorazes*) e Wincest (Sam/Dean, de *Supernatural* — eu não julgo).

Spoiler

Um spoiler é qualquer informação sobre uma história, roteiro ou personagem que é revelada antes da hora. (É aquela coisa de ir ao Twitter e dar de cara com a notícia de que todo mundo morre no final da edição #27 e então ficar nervosa por alguém ter revelado? Isso é um spoiler.) Como ninguém quer o fim de algo arruinado na internet antes de ter a chance de ler, ver ou jogar, postar um aviso de spoiler antes de algo importante é uma boa forma de evitar isso — é como colocar uma placa de NÃO ENTRE para aqueles que pegam o bonde andando. Junto com obstáculos estrategicamente colocados em seu blog para esconder GIFs com spoilers, essa é a uma boa maneira de respeitar os sentimentos das outras garotas geek.

EXEMPLOS: "Aviso de Spoiler: todo mundo que você ama em *Game of Thrones* vai morrer."

Squee

O barulho universal da garota geek, o squee é um som agudo emitido de forma involuntária quando algo é tão legal que você não consegue se controlar. A erudição da internet diz que deriva da palavra "squeal" (guincho, em inglês) com o nome do seriado *Glee*, mas é mais provável que seja só algo legal de pronunciar. (Por sinal, squee está grafado no dicionário *Oxford English* como um verbo: "usado para mostrar grande alegria ou animação".)

EXEMPLOS: "Meu PP se tornou canônico! *Squeeeeee!*" "Jensen Ackles perguntou se pode apertar meu traseiro durante a sessão de fotos! *Squeeeeeeeeeee!*"

Stan

"Stan" é a junção de "stalker" ("perseguidor") e "fan" ("fã"), e designa um tipo particular de fãs obcecados com algo específico (e não tem problema, estamos aqui pra você, garota). Se estiver ativamente stando uma celebridade, pode ser que tenha um Tumblr dedicado a reblogar GIFs da bunda dela, ou pode comprar doze cópias de seu mais novo álbum, ou mandar spam de diversas fotos dela para esses sites odiosos para provar que ela é, sim, atraente. Mas lembre-se: um bom stan respeita. Todo mundo pode amar o que ama.

EXEMPLOS: "Eu stanho o Sebastian Stan porque standar um Stan é a melhor forma de ser uma stan."

Termos de carinho

Garotas geek nunca se contentam em dizer coisas como "Estou realmente curtindo Charlie Day agora" ou "Tricia Helfer tá com tudo". Nós expressamos nossa afeição por celebridades e personagens da ficção chamando-os por apelidos, fazendo perguntas retóricas, dando ordens ou apenas emitindo sons. Pode parecer que está dizendo coisas horríveis das pessoas que ama, mas não é isso. Você só está expressando seus sentimentos da melhor maneira possível, com honestidade.

EXEMPLOS: "Pedaço de mau caminho!" "Quem é você?" "Ai, que panaca." "Pode parar?" "Tchau, ovários" "Hunf!"

Sim.

Porque "concordo com o que você disse" é uma frase longa demais. Ainda mais que uma curtida, uma reblogada ou uma favoritada, "sim" é uma reação monossilábica que mostra que você não só concorda com o que foi dito como também está fazendo um esforço de dizê-lo em um comentário separado. E pode também ser repetido para dar mais efeito (i.e., simsimsim).

EXEMPLOS: "Ver filmes escritos ou dirigidos por mulheres é superimportante." "SIM."

TW e CW

Abreviação para as expressões em inglês "trigger warning" e "content warning", que significam "aviso de gatilho" e "aviso de conteúdo", mas que são mais usadas em inglês, mesmo por blogs feministas brasileiros. Essas tags avisam se o texto, as imagens ou vídeos que estão em um post podem causar uma resposta negativa em alguma leitora. TWs são usados em posts sobre tópicos que podem afetar emocionalmente a leitora, por exemplo: abuso, distúrbios alimentares ou autoflagelação. CWs são similares, mas usados em sentido mais amplo. Ambos indicam conteúdo que a leitora pode querer evitar dependendo dos seus gatilhos emocionais pessoais. Os gatilhos de todo mundo são diferentes, com base em experiências passadas de cada um. A melhor forma de usar esses avisos no Tumblr é através de tags, como: "autoflagelação tw" ou "gravidez cw". Se postar o link de um artigo no Twitter ou no Facebook e acha que ele pode afetar alguém, coloque um aviso no texto que precede o link.

EXEMPLOS: "Aqui está um texto que escrevi sobre modelos de relacionamentos negativos para as meninas na mídia. Trigger warning para abuso. #abuso tw"

Resistir é inútil: convertendo suas amigas em fangirls

Acredite: sei como é difícil não surtar o tempo todo por causa da sua obsessão do momento. Mas agitar-se, apertar os outros e desmaiar o tempo todo pode assustar os não iniciados.

Aqui vai uma história verdadeira e bem embaraçosa. Conheci uma garota chamada Karyn no sétimo ano (no Clube da Biblioteca, sei lá) e de imediato decidi que tínhamos de ser melhores amigas. Porque aos 12 anos (e também aos 24, na verdade) eu era muito boa em ser uma grande nerd e muito ruim em socializar, então tentei ganhar sua amizade da única maneira que sabia: convidando-a para minha casa e forçando-a a assistir oito horas seguidas de *Stargate SG-1*. Apesar de o meu plano ter funcionado e de nós termos continuado amigas até hoje, não recomendo esse método para ganhar ou criar uma nova amiga geek. Aqui estão algumas boas maneiras de trazer amigos para o seu fandom.

Vá devagar.

Se você quer que sua amiga curta, digamos, *Supernatural*, não comece mencionando que já está no ar há uma década. Em vez disso, mande casualmente GIFs divertidos ou fale sobre momentos fantásticos da série, e então assistam ao piloto (e talvez mais uns dois episódios, só pra cativar). Se quer fazê-la gostar de games, comece devagar, com algo fácil e famoso, como um jogo da Nintendo. A franquia do Mario é culturalmente onipresente, e muitos dos jogos são multiplayer animados sem grandes consequências (como *Mario Kart* ou *Super Smash Bros.*). Não importa o que aconteça, mantenha a diversão. Uma vez que tenha passado pela barreira "eu não curto muito séries de TV/games/quadrinhos", então vá para os seus favoritos.

Use a máquina humana de recomendações.

Relacione o que você gosta com o que ela gosta. Uma vez convenci uma amiga a jogar *Borderlands* ao explicar que é como um universo expandido de *Firefly* (e é mesmo). Se sua amiga gosta de literatura e você quer compartilhar o seu amor por quadrinhos, empreste algo bem literário, como *Y: O Último Homem*. Se ela está apaixonada por *Sherlock* e *Kill Bill*, faça com que assista à primeira temporada de *Elementary* e rejubilem-se juntas na glória que é Lucy Liu como Joan Watson.

Descubram algo juntas.

Encontrar uma paixão feroz para um novo fandom é o jeito mais legal de ser nerd com alguém. Pegue uma de suas amigas e se comprometa a esperar para assistir a algo até que possam vê-lo juntas. Convide-a para sua casa, estoure uma pipoca e transforme numa ocasião especial. Não só a série ficará mais legal como também terão algo que as unirá para sempre: vocês sempre compartilharão esse fandom (o que também tornará aniversários e outras trocas de presentes muito mais fáceis!). Mesmo se forem amigas a distância, pela internet, podem se conectar pelo Skype, fazer uma contagem regressiva e começar o episódio simultaneamente. Podem fazer comentários concomitantes a quilômetros de distância e vão ser capazes de pirar juntas logo que o episódio terminar!

Transforme em uma festa.

Você não precisa limitar sua relação geek a só uma amiga, claro. Transforme sua maratona em uma balada louca ao convidar um monte de amigas para experimentar a diversão juntas. Elas não precisam ser fãs das mais radicais; na verdade, é mais legal se puderem começar do começo e seguir por todo o caminho da série juntas. Pegue um dia em que todas estejam livres, comprometam-se a ver certo número de episódios e comecem a maratona. Vocês não serão capazes de falar sobre qualquer outra coisa durante semanas e serão o grupo mais legal de amigas de todos os tempos. Por sinal, certifique-se de que cada garota leve comes e bebes para a festa. Essencial.

Dê o dom do fandom.

Se não puder experimentar um novo fandom com as amigas, será uma ótima mandar para elas algo que você tem certeza de que vão amar. Em um aniversário, dei para minha amiga o primeiro encadernado da HQ *Rat Queens*, o primeiro jogo do *Dragon Age* e a primeira temporada de *Life on Mars*. Você já sabe como é obcecada com essas coisas, e conhece seus amigos muito bem, então você provavelmente é a melhor juíza de quem gostaria do quê. E a melhor parte é: uma vez que amarem o que lhes apresentou, serão gratas para sempre. Sempre. Use esse poder com sabedoria.

Não fique na defensiva.

Se a sua personalidade nerd estiver assustando os seus amigos, não se preocupe. Lembre a eles (e a você mesma!) que, ao longo da história, os melhores tipos de literatura — os que sobreviveram por mais tempo — foram aqueles que mais tocaram as pessoas em seu lado humano. Seus fandoms são assim: ficção, não importa a forma, permite viver mil experiências significativas e relacionamentos que nunca poderia ter na vida real. Investir em um mundo fictício significa que você tem uma imaginação maravilhosa, um grande coração e criatividade infinita. Ninguém pode dizer nada de ruim sobre isso.

Sendo uma fangirl NVR: onde encontrar o seu povo

Nós lady-nerds temos reputação de sermos tímidas, pelo menos pessoalmente. (Na internet, a história é outra.) Mas acontece que é bem fácil encontrar amigos que pensam como você ao se aventurar além de sua residência universitária, local de trabalho etc., e em direção aos eventos sociais geeks. Não só estará fazendo uma atividade que ama, mas encontrar pessoas em eventos nerds também garante que elas entenderão sua paixão por nerdices — mesmo que prefiram *Kill La Kill* em vez do seu amado *Sailor Moon*. E, ei, pode até converter algumas pessoas para o seu fandom particular, ou vice-versa. Aqui estão alguns dos melhores lugares para se juntar a uma turma.

A gibiteria local

Além de ser um bom lugar para comprar o novo gibi da Miss Marvel, a gibiteria local é um bom lugar para você começar a procurar eventos geeks. Eles podem ter um quadro de avisos onde as pessoas postam sobre as próximas convenções ou um local perto do caixa para deixar folhetos.

Não tem problema se você não gosta muito de quadrinhos. Gibiterias geralmente recebem todo mundo da comunidade geek. Você pode descobrir que eles vendem ingressos para shows burlescos nerds, propagandas sobre noites de stand-up com temas nerds ou, ainda, promovem eventos de produções de arte pop locais. Vá até uma das garotas com aparência amigável que estiver lá e pergunte o que ela recomenda. Agora tem uma nova amiga e novas coisas para ler! (Se não houver nenhuma loja específica de quadrinhos na sua região, pode fazer o mesmo em qualquer livraria. Basta ir até a seção de quadrinhos, ou até a seção de fantasia e ficção científica.) Se você for mais do tipo gamer, procure a loja de jogos mais perto da sua casa. E lembre-se: caso o balconista faça você se sentir indesejada, não aceite! Reporte o incidente a um gerente ou gaste seu dinheiro em outro lugar.

ENCONTRE UMA PERTO DE VOCÊ: Em São Paulo, há diversas lojas de quadrinhos e afins, como a Gibiteria, a Monkix, a Comix, a Devir e a Geek.etc.br. No Rio de Janeiro, temos a Point HQ. Há outras gibiterias espalhadas pelo Brasil, como a Itiban, em Curitiba, e a Comic House, em João Pessoa. O mais importante é procurar em sua área e, se não tiver, pode ser uma boa ideia criar uma.

Estreias à meia-noite

Qualquer uma que apareça para uma estreia à meia-noite do último lançamento geek deve ser uma nerd de primeira. Quero dizer, você deve ser uma grande fã para esperar horas em fila pelo novo filme de Star Wars ou do Universo Marvel, certo? Ainda bem que fila é um ótimo lugar para fazer amigos: converse, compare fantasias ou leve um jogo de cartas como *Munchkin* para ajudar a passar o tempo, e todo mundo vai amar você no mesmo instante. Às vezes, pequenos cinemas têm exibições especiais antecipadas para blockbusters e você pode pegar ingressos mais baratos. E eles geralmente oferecem eventos mais divertidos para atrair o público (por exemplo, concursos de fantasias, videogames na telona, jogos de perguntas e respostas etc.).

Cheque também os cinemas independentes e cineclubes da sua cidade. Você pode encontrar exibições de filmes geeks clássicos e maratonas (*Gremlins*, topam?).

ENCONTRE UMA PERTO DE VOCÊ: fique de olho nas estreias e procure eventos que os fã-clubes organizam na sua área. Procure também cineclubes, comuns em muitas cidades do Brasil.

Hackerspace

Se você gosta de programação e tecnologia, os hackerspaces e rodadas hacker são ótimas opções. Os hackerspaces são centros de trabalho comunitário nos quais você pode colaborar e socializar com pessoas que amam as mesmas coisas que você.

Hackerspaces geralmente ficam próximos a campus universitários, centros comunitários e lojas de informática. São lugares ótimos para o desenvolvimento de softwares abertos, novos hardwares e arte eletrônica. Pode rolar também impressão 3D, mídia alternativa e construção de todo tipo de coisa que puder imaginar. Esses espaços estão tipicamente estocados com ferramentas, máquinas, consoles, material de papelaria e outros itens básicos que você pode ter dificuldade de conseguir sozinha. O melhor de tudo, você vai conhecer e trabalhar com outros hackers e formadores de opinião em sua área.

ENCONTRE UMA PERTO DE VOCÊ: Makerspace.com (em inglês) tem um diretório de cada hackerspace e similares pelo mundo. Hackerspaces.meetup.com e Hackerspaces.org (em inglês) também têm informações do tipo. No Brasil, temos a RodAda Hacker (rodadahacker.com e redes sociais), exclusiva para meninas e mulheres, e o Garoa Hacker Club (garoa.net.br), que também cataloga outros hackerspaces pelo país.

Zombie Walks

Por que limitar a sua excelente fantasia às festas de Dia das Bruxas se pode levá-la para outro nível? Junte-se a outras divas mortas-vivas e murmurem juntas para a glória. Todo mundo costuma se divertir muito nas zombie walks, então é fácil entrar em uma nova gangue de zumbis de aparência deformada. Se não tem certeza de como montar uma boa fantasia de zumbi, não se jogue no chão gemendo "céééééérebro" em desespero! É superfácil. Para fazer o apodrecimento, use cola de cílios para criar talhos que pareçam realistas e cubra com maquiagem vermelha ou marrom (sombras funcionam perfeitamente); tente usar corante de comida ou detergente vermelho para fazer um "sangue" fácil de limpar. Quando o zombie walk acabar, jogue a roupa na máquina de lavar com detergente comum e ela sairá novinha em folha. Sério mesmo.

ENCONTRE UMA PERTO DE VOCÊ: O site Zombiewalk.com (em inglês) tem listado os eventos que acontecem pelo mundo.

Bares com jogos de tabuleiro, fliperamas ou qualquer estabelecimento com diversão

Nada combina melhor do que comida, amigas e competição intensa. Para um dia de diversão cafeinada, pegue um par de amigas, comprem um cappuccino e se acomodem em um bar de jogos (alguns deixam você ficar o dia todo, outros cobram por hora) e façam a sua escolha a partir de uma seleção incrível de jogos de tabuleiro. Para uma boa bebedeira noturna, procure um daqueles bares com fliperamas antigos, repleto de máquinas de pinball e videogames que funcionam com fichas (aposto que deve ter um desses perto da sua casa). De qualquer jeito, é garantido que vai se divertir muito. Tomar uma boa bebida e derrotar seus amigos em Banco Imobiliário, ou voltar aos anos 1980 e 1990 tomando umas cervejas enquanto ataca agressivamente os botões para ganhar em *Street Fighter II*. Seu grupo está com pouca gente? Junte-se a outro para jogar e faça novos amigos! Se estabelecimentos desse tipo ainda não chegaram à sua vizinhança, procure uma gibiteria, livraria ou qualquer loja que promova uma noite de jogos em que possa participar de partidas de *Munchkin*, *Magic* ou *Yu-Gi-Oh!*

ENCONTRE UMA PERTO DE VOCÊ: Em São Paulo, há muitas opções, como a Devir e a Ludus Luderia. E os fliperamas ainda existem em muitos lugares do Brasil. Mas, se não conhecer nenhum lugar, procure em um buscador da internet o nome da sua cidade e "bar de jogos" ou "bar de fliperama", é bem fácil.

Aulas de desenho e game jams

Se você estiver tentando se infiltrar na sua comunidade local de quadrinhos ou games, há alguns lugares diferentes que deve checar. O departamento de arte e design de uma faculdade é um ótimo lugar para começar. Mesmo que não possa ou não queira cursar oficialmente, pode participar como ouvinte de algum curso de design de games ou seminários do tipo "Como desenhar quadrinhos". Procure também por sessões de game jams ou de quadrinhos. Essas são noites quando os criadores se reúnem, sentam (potencialmente com bebidas) e desenvolvem jogos ou quadrinhos, de forma independente ou promovidos por organizações. Esses eventos estarão cheios de pessoas que você vai querer conhecer (e que vão querer conhecer você também!).

ENCONTRE UMA PERTO DE VOCÊ: Vá até o departamento de arte e design da escola ou faculdade mais próxima e veja que aulas estão disponíveis. Procure também escolas específicas de games e quadrinhos. Há páginas sobre game jams, como Compohub.net e GameJamCentral.com (em inglês), que indicam eventos pelo mundo.

Noites de perguntas e respostas

Uma noite de perguntas e respostas no bar é o momento perfeito para você desfilar todos os seus conhecimentos nerds, tomar uns drinks (alcoólicos ou não) e fazer novos amigos. (Na minha cidade, temos uma noite mensal de perguntas e respostas comandada por Stephanie Cooke, intrépida assistente do Bill Willingham, criador do gibi *Fábulas*, que reúne nerds da cidade toda.) A melhor parte é que você não tem de participar como membro de uma equipe; na verdade, aparecer sozinha é bem mais legal porque você pode se integrar com uma mesa de novos amigos geeks. Eu fiz isso na minha primeira vez, aterrorizada, certa de que ia me envergonhar de maneira irreversível. Mas, com exceção de um sujeito que pediu para que eu "provasse que lia gibis" ao citar os nomes dos pais biológicos do Peter Parker (Richard e Mary, para deixar registrado), todo mundo foi muito receptivo, legal e com opiniões similares. Pela minha experiência, geeks estão tão empenhados em encontrar outros geeks por aí que você logo se verá cercada de novos colegas. Mesmo se chegar com um amigo ou dois, junte-se aos estranhos — aliás, futuros amigos — e detonem na competição.

ENCONTRE UMA PERTO DE VOCÊ: Procure nos bares locais e veja se algum tem noites de perguntas e respostas. É um evento incomum no Brasil, mas procurando é possível encontrar. Senão, que tal propor o jogo naquele lugar aonde você sempre vai?

Feiras renascentistas

Se você sempre sonhou em viver no mundo de *Dungeons & Dragons* ou deseja singrar os sete mares com o seu novo e fabuloso corselete, feiras medievais, renascentistas, de piratas ou steampunk são lugares para você. Normalmente realizadas no verão ou início do outono, essas feiras acolhem esquisitos adoráveis de todos os tipos para competições, danças, música ao vivo, shows de mágica e, é claro, garrafões de cerveja e coxas gigantes de peru (no geral, trajes não são obrigatórios, mas são altamente recomendados!). Muitas feiras empregam atores profissionais que circulam devidamente paramentados, mas não há uma grande preocupação com a precisão histórica. Então não se surpreenda se vir a rainha Elizabeth tirando selfies com uma princesa fada steampunk, ou os Três Mosqueteiros lutando contra o 10° Doutor, de *Doctor Who*.

ENCONTRE UMA PERTO DE VOCÊ: Há sites estrangeiros que catalogam as feiras pelo mundo, como Therenlist.com e Renaissancemagazine.com (em inglês) assim como a Wikipédia (claro!) em: En.wikipedia.org/wiki/List_of_ Renaissance_fairs (em inglês). No Brasil, são mais comuns feiras steampunk; notícias sobre eventos do gênero podem ser encontradas em: Steampunk.com.br/conselho-steampunk.

Encontros de blogueiros

A não ser que você goste de coisas muito obscuras, há grandes chances de que não seja a única pessoa que frequente, curta e comente os blogs que lê. E algumas de suas colegas fãs podem morar perto de você! O mesmo vale para encontros combinados pelo Twitter ou em fóruns. Nada é melhor do que se reunir com um grupo de moças e ficar rindo sobre as mais recentes mancadas na interweb, acredite.

ENCONTRE UM PERTO DE VOCÊ: Fique de olho em anúncios nos blogs sobre os encontros; se ainda não rolar, ofereça-se para fazer um na sua área. Pesquise! Deve existir algum grupo no Facebook no qual as pessoas se encontram NVR.

Clubes de leitura

Esqueça as festas dos clubes de leitura da sua mãe, regadas a vinho e canapés. Clubes de leitura são viciantes, como seria a escola se você pudesse ler e discutir só aquilo de que gosta, enquanto bebe e belisca uns salgadinhos. Não se limite ao último best-seller. Hoje em dia, clubes do livro discutem tudo, desde histórias em quadrinhos até o mais novo romance juvenil distópico.

ENCONTRE UM PERTO DE VOCÊ: Pequenas livrarias independentes e bibliotecas são um bom começo. Ficar de olho nos blogs literários é uma boa. Outra opção é começar o seu próprio clube!

Shows burlescos

Shows burlescos são um combo de pessoas lindas, positividade corporal e nerdice efervescente. Todo mundo é bem-vindo no mundo burlesco, independentemente de tamanho, forma ou gênero, o que significa que as performances são sempre diversificadas e maravilhosas. Os shows com frequência têm temas e por alguma razão muitos daqueles que fazem as performances são grandes nerds, de modo que os temas costumam estar alinhados com o que já amamos. (Os melhores que eu já vi são de Poisonne como a sexy GLaDOS, de *Portal*, e Barely Legal Leelando como o Coringa. Procure-os no YouTube!) Vá, curta um pouco de empoderamento e alimente as suas nerdices. Tudo ao mesmo tempo!

ENCONTRE UM PERTO DE VOCÊ: No Brasil, vale ficar de olho nos eventos da Escola Burlesca (escolaburlesca.com).

LARP e jogos de Quadribol

LARP, jogo de RPG do tipo *live-action* — aqueles jogados com as pessoas vestidas a caráter, com interpretações mais realistas —, é como jogar seu RPG favorito NVR, ou então um jogo de tabuleiro no qual o tabuleiro é um campo aberto e você é a pecinha. Passe uma tarde lançando feitiços, duelando com armas de espuma e agitando uma fantasia legal enquanto você e seus colegas geeks lutam batalhas e decifram cenários escritos pelo mestre ou narrador. Se você for mais do tipo que gosta de um esporte de contato, tente montar um time para um jogo de Quadribol Trouxa, uma versão (infelizmente) terrestre do jogo favorito de Harry Potter praticada no mundo todo. Corra bastante para pegar o pomo de ouro (um atleta neutro com roupas amarelas). E não se preocupe: os balaços são bolas de queimada.

ENCONTRE UM PERTO DE VOCÊ: Não há nada muito oficial sobre LARP no Brasil, mas existem comunidades em redes sociais que divulgam esses encontros, como a Live Action RPG Brasil. No site da Associação Internacional de Quadribol (iqaquidditch.org, em inglês) você encontra várias informações sobre Quadribol Trouxa pelo mundo. Nas redes sociais, a Associação Brasileira de Quadribol divulga informações sobre jogos e times por aqui.

Crie seus próprios eventos

Nenhum dos eventos em sua área agrada? Ou talvez você viva em um lugar onde não aconteçam muitos eventos nerds? Que droga! Mas sabe quem pode mudar isso? Você, garota. Pode parecer difícil, mas a criação de seu próprio evento geek de temática específica é o seu bilhete para conhecer pessoas com o mesmo interesse louco e intenso. (O meu evento geek favorito? A rodada dupla dos musicais de *Dr. Horrible/Buffy* junto com um grupo de fãs do Joss Whedon gritando no fundo de um bar.) Se estiver interessada na criação de seu próprio evento, comece por descobrir o que está querendo: uma noite de perguntas e respostas ou jogos de tabuleiro? Então avalie o interesse ao postar sobre isso nas redes sociais. Em seguida, procure lojas locais de quadrinhos, livrarias ou bibliotecas que oferecem espaço para uso comunitário. Ou pergunte em bares e pubs por aí, alguns podem deixar você alugar o espaço barato ou até usá-lo gratuitamente, desde que todo mundo que apareça compre algo para comer ou beber. Uma vez que a sua ideia e o local estejam definidos, faça propaganda on-line e deixe panfletos em cafés, bares e outros locais frequentados por nerds. Então, divirta-se! Garanto que sua Noite de Perguntas do Casaco Marrom vai trazer todos os fãs de *Firefly* e Joss Whedonite no raio de mil quilômetros. (Pode me agradecer depois.) Pensando ainda maior? O encontro definitivo das garotas geek é, claro, em uma convenção! Saiba mais sobre convenções no Capítulo 3.

Deixe sua bandeira geek estendida: traga o fandom para sua vida "normal"

Encontrar uma amiga nerd obviamente não é o bastante para nós, garotas geek. Precisamos expressar nossas nerdices na vida real, de todas as formas humanamente possíveis. Nós não somos sempre barulhentas quanto a isso, mas com certeza somos orgulhosas. Aqui vão alguns meios sutis de incorporar as coisas que ama no seu modo de vida.

Cosplay diário

NÍVEL FANDOM: Novata

Embora eu não recomende usar um cosplay completo no dia a dia (como é triste, mas a sua roupa da Zelda provavelmente não se adapta às normas de vestimenta do seu trabalho), há maneiras aceitáveis de mostrar o seu material em "sociedade". Bijuterias sempre são uma boa opção. Tente brincos da Aliança Rebelde, um broche Triforce ou um anel de Companion Cube: são pequenos símbolos que um Trouxa provavelmente não vai notar. Você pode encontrar ótimas bugigangas geeks em butiques locais, em estandes de fornecedores em convenções ou on-line (veja opções a partir da p. 183). O mesmo vale para acessórios. Uma mala N7 ou um salto com uma colagem de páginas de quadrinhos vão ficar bonitos e parecer profissionais ou acadêmicos. Se estiver indo para um evento ou se for passar o fim de semana fora, pode querer levar as coisas um pouco mais além: arrume um vestido em forma de TARDIS ou então suas melhores calças corelianas de *Star Wars*. Lembre-se: uma camiseta da sua HQ independente favorita não só é linda como também, ao comprá-la, você fornece dinheiro precioso para um artista que ama. Viva!

Personalize seu espaço

NÍVEL FANDOM: Novata

Personalizar seu espaço com suas paixões nerds é perfeitamente possível, dependendo da sua situação de vida, fluxo de caixa e dedicação ao design de interiores. Pôsteres e colagens são clássicos das garotas geek que nunca vão sair de moda. Uma colagem do Sherlock ou um quadro de cortiça do Batman trarão vida a qualquer parede velha e chata. Se não quiser pegar o caminho do "faça você mesma", pode encontrar arte original incrível on-line ou visitando os Artist Alleys em convenções. De qualquer forma, certifique-se de que sua arte exclusiva não se estrague. Vá a uma loja de artesanato para pegar alguns quadros baratos ou a uma loja de arte ou de molduras para um tratamento profissional. Outra boa opção de decoração é a colecionar-e-mostrar: pegue um monte de estantes, coloque-as juntas e use-as para mostrar todos os seus colecionáveis. Se isso ainda não for o suficiente, vá fundo na sua fantasia e projete seu espaço com base no fandom de sua escolha. (Uma amiga minha visita lojas de antiguidades religiosamente para montar uma sala de estar que pareça o máximo possível com a Sala Comunal da Grifinória, até as tapeçarias.) Se você, ou um amigo, tem um viés artístico, tente desenhar e pintar um

mural na parede ou alguns dizeres acima de uma porta ("Fale, amigo, e entre", talvez?). Revestimentos coláveis ou de vinil também são uma boa opção, e mais fáceis de ser removidos caso os seus pais ou o senhorio prefiram que você não deixe nada muito permanente no lugar.

Dê uma incrível festa de pré-lançamento

NÍVEL FANDOM: Novata

Que melhor maneira de acolher um livro, filme ou jogo há muito aguardado do que com uma enorme festa nerd? Seja em seu próprio espaço ou na casa de um amigo, faça o tema da sua noite de festa coincidir com o evento (que provavelmente incluirá uma fila para o lançamento à meia-noite). Mas exigirá certo esforço para que a decoração da festa se pareça com o seu mundo ficcional favorito.

Se estiver dando uma festa com o tema de Harry Potter, digamos, para o lançamento de *Animais fantásticos e onde habitam*, então pode pendurar algumas velas (apagadas) no teto, colocar mesas com as cores das quatro casas, espalhar corujas de pelúcia e pendurar na parede tecidos semelhantes a tapeçarias. Se tiver alguma árvore bem grande no jardim, pendure nela uma placa com os dizeres "Salgueiro lutador — Não encoste".

Em seguida, prepare ou compre comida (se não tiver comida na sua festa, não me convide) que combine com o tema. Para a festa Harry Potter dos sonhos, há milhões de receitas fáceis de seguir para recriar o mundo ficcional da série, como varas com licor até ninhos de baratas (nada mais do que chocolate derretido sobre pedaços de pretzels, claro). Em relação à música, pegue a trilha sonora de um jogo ou filme da série (não dá pra errar com "Hedwig's Theme"). Por fim: fantasias. Faça o traje ser obrigatório (algo bobo, montado de qualquer jeito basta!). E assim terá o grupo mais bonito de garotas geek ao seu redor. Mantenham seus figurinos quando saírem para ir ao evento principal e despertarão a inveja de todas as nerds de lá.

Crie seus acessórios

NÍVEL FANDOM: Intermediário

Combinem suas habilidades, garotas nerd! Se você gosta de tricotar, fazer crochê ou ponto de cruz, costurar, fazer transfer ou decupagem, soldar, fazer artesanato com sal, o que quer que seja, pode usar a habilidade que a vida lhe deu para produzir as coisas geeks mais legais. Esculturas em barras de sabão, bolsas em formato de estrela com a cara da Ramona Flowers, ponto de cruz dos personagens de A Hora da Aventura — pode fazer tudo o que seu coração geek desejar. A melhor parte de criar os próprios acessórios (além da satisfação pessoal) é que há um grande mercado! Quando estiver satisfeita com seu trabalho e se sentir pronta para começar a produzir em massa, crie uma loja na internet e compartilhe suas criações nerds com todo o mundo. Em pouco tempo, estará ganhando dinheiro com a sua arte!

Estude

NÍVEL FANDOM: Intermediário

Se você é uma estudante, sua nerdice não precisa ser só um passatempo, pode também se tornar seu foco acadêmico! Mais faculdades e universidades têm tratado conteúdos geek como coisa séria, oferecendo aulas que exploram, examinam e criticam livros, filmes e séries de TV que amamos. Em universidades dos Estados Unidos, há cursos de zumbis na cultura popular, Star Trek e religião, a ciência dos super-heróis e até o élfico de Tolkien. Aqui no Brasil, temos cursos variados também, mas o destaque fica para a aula de leitura crítica de histórias em quadrinhos oferecida pela Escola de Comunicações e Artes da Universidade de São Paulo. Cheque seu catálogo de cursos (O guia do estudante é um bom lugar para começar) e veja o que mais lhe atrai. Ou, se já tiver um projeto em mente (como compilar uma história oral de um fandom em particular), fale com um professor favorito e veja se ele (ou ela) topa orientar seu projeto. Você ficaria surpresa com quantos acadêmicos são secretamente geeks!

Comece uma banda cover

NÍVEL FANDOM: Intermediário

Se você tiver uma inclinação musical, reúna alguns dos seus amigos nerds e comece uma sessão. Se decidirem fazer apenas covers da música da cantina de *Star Wars*, ou se quiserem fazer um rock mágico sobre seu amor por Lúcio Malfoy, ou ainda recriar seu som favorito de qualquer tema nerd, ou algumas versões em músicas de 8 bits, uma banda geek é uma grande forma de lidar com seus sentimentos de fã.

Não surte se estiver mais para uma intérprete geek do que para uma punk rocker. Quão legal seria um quarteto de cordas fazendo um cover de "Still Alive", de *Portal*? E não se esqueça de dar ao seu grupo um nome nerd apropriado (trocadilhos são bem-vindos). Se está à procura de inspiração musical, ouça bandas como Doubleclicks (duas garotas que cantam sobre lady geeks), Marian Call (cantora e compositora com incríveis sons inspirados em *Firefly*) e Malukah e Rebecca Mayes Muses (ambas fazem músicas inspiradas pelos jogos de videogame favoritos delas).

Faça uma tatuagem geek

NÍVEL FANDOM: Hardcore

O jeito definitivo de mostrar sua dedicação eterna a um fandom: tatuando permanentemente no seu corpo! Acho que tatuagens geeks são uma ideia brilhante para fãs devotadas. Deve ser por isso que eu tenho duas (um símbolo das Relíquias da Morte nas costelas e o espectro de *Mass Effect* no antebraço). Essa, porém, é uma decisão importante e definitiva, por isso aqui estão algumas coisas que pode querer ter em mente antes de mergulhar de cabeça na ideia:

- Procure por todos os grandes tatuadores na sua área (tente procurar na internet ou busque recomendações de amigos) até encontrar um portfólio que combine com seu estilo. Se for caro, provavelmente significa que o trabalho é bom. O negócio vai ficar pra sempre no seu corpo, então vale a pena guardar dinheiro pra isso.
- O desenho será uma colaboração entre você e o tatuador, então deixe o artista fazer a arte. Nunca roube o design de outras pessoas na internet — é considerado rude, no mínimo, e roubar arte é muito ruim. Traga imagens de coisas que admira e peça que seu tatuador as use como inspiração. Você vai acabar com uma obra de arte completamente original, projetada apenas para você, seu gosto e seu corpo.

- Nunca opte por uma tatuagem "caseira" ou de decalque. São perigosas e nunca ficam tão legais quanto as feitas por um profissional. Guarde seu dinheiro por algo bonito e seguro.
- Se for sua primeira tatuagem, considere começar com uma localização que seja fácil de cobrir, como pés, ombros ou costelas. Dessa forma, pode descobrir se gosta de ter uma tatuagem sem maiores consequências. Tatuagens no pescoço, nas mãos e nos dedos realmente devem ser deixadas de lado até que esteja certa de que isso é para você.
- Se estiver tatuando os braços, certifique-se de que a imagem não está de cabeça para baixo. O design deve ficar de frente para as mãos de modo que quando seus braços estão pendurados ao seu lado, a imagem esteja do lado certo.
- Se for tatuar um texto, certifique-se de verificar a ortografia duas, três, quatro vezes antes de gravar a frase na sua pele, especialmente se estiver em uma língua estrangeira.
- Não faça uma tatuagem apenas para ter uma tatuagem. Milhares de garotas querem ser tatuadas no instante em que fazem 18 anos só porque podem (e porque querem carregar uma imagem do PP delas para todo lado). Antes de marcar uma consulta com um tatuador, é melhor esperar que uma imagem realmente fale com você, mesmo que ela só diga "Sou superlinda!". Tatuagens não precisam ter um significado profundo. Ainda assim, a vida é longa e (não quero soar como sua mãe, mas) tatuagens são permanentes.

Entrevistas com

Jill Pantozzi, Jane Espenson, Erin Morgenstern e Tara Platt

JILL PANTOZZI

Editora-chefe do site *Mary Sue* (themarysue.com)

@JillPantozzi

O que "garota geek" significa para você?

Assim como "garota nerd" etc., significa que aquela pessoa é bem entusiasmada pelo que ama. Todos nós somos fãs de algo, mas ser uma garota geek quer dizer que está disposta a deixar isso claro, descaradamente e com vigor.

Como ser uma geek influenciou positivamente a sua vida?

Ser uma geek me fez ser quem sou hoje. Quando era uma garotinha no sexto ano, nunca teria imaginado que encontraria outro aluno na escola que também amasse *Star Trek: The Next Generation*, que apenas amar o que eu amava ia acabar me levando à minha carreira atual. E eu fico muito animada com isso. O ditado é "ame o que você faz e não estará trabalhando em nenhum dia da sua vida". Eu amo o que faço, mas também trabalho duro, e o resultado me fez ser uma adulta muito feliz. Não só isso: também não trocaria por nada no mundo os amigos que fiz por ser geek.

Que conselho daria para as garotas geek, para a carreira delas ou a vida pessoal?

Não mude sua opinião apenas porque outras pessoas não concordam com ela, mas não tenha medo de mudar se é o que você quer.

JANE ESPENSON

Roteirista e produtora de séries das quais você já deve ter ouvido falar, como *Buffy, Battlestar Galactica, Torchwood, Husbands,* e *Once Upon a Time*

@JaneEspenson

O que "garota geek" significa para você?

Pessoalmente, nunca notei uma diferença de gênero no modo como os fãs reagem aos seus programas favoritos e às pessoas envolvidas neles. Eu diria que uma garota ou um garoto geek é alguém que encontrou algo que ressoa tanto em sua vida pessoal que fica feliz em interagir com quase tudo associado a essa coisa. É algo alegre.

Como ser uma geek influenciou positivamente a sua vida?

Ah, essa é fácil. Minha primeira oportunidade na TV foi em *Star Trek: The Next Generation*. Se eu já não conhecesse e amasse a série, não poderia ter aproveitado a oportunidade.

Que conselho daria para as garotas geek, para a carreira delas ou a vida pessoal?

Seja criativa, seja original, seja ambiciosa. Estude a sua habilidade — crie as melhores roupas, as melhores histórias, o que for. E, sugiro, não pare por aí. Descubra um jeito de ir além do que os outros estão fazendo. Crie mundos originais, adapte seu fanfic e publique-o, dê um jeito de vender suas criações, sei lá. Procure maneiras de transformar o que você ama em algo que pode tornar-se um suporte em mais de um sentido. Para mim, não bastava apenas assistir a programas de TV — eu estava doida para ir para trás das câmeras e encontrei um jeito de fazer isso. Pode pegar o que quer que você ame no seu fandom e torná-lo algo original.

ERIN MORGENSTERN

Escritora, artista e autora do romance de fantasia superpopular e premiado *O circo da noite*

@erinmorgenstern

O que "garota geek" significa para você?

Pense em uma garota geek como um fã normal que subiu de nível. Eu considero que a expressão não faz referência a gênero.

Como ser uma geek influenciou positivamente a sua vida?

Sou tímida, então compartilhar interesses geek me ajuda imensamente a conhecer pessoas e fazer amigos. Ser geek te dá uma linguagem comum e, para pessoas acanhadas como eu, isso tem um valor inestimável. E ser amiga de outras pessoas fluentes em geek frequentemente te leva a encontrar novos interesses. Meu marido me fez gostar de videogames. Eu sabia que éramos feitos um para o outro quando conseguimos passar por todos os níveis cooperativos de *Portal 2* sem nenhum desentendimento. (Ser uma geek também foi muito bom para minha carreira, partes de *O circo da noite* são odes ao fandom.)

Que conselho daria para as garotas geek, para a carreira delas ou a vida pessoal?

Ame o que você ama e não tenha medo de experimentar coisas novas. Acho que às vezes rola uma expectativa que você, por ser uma garota geek, precisa amar X, Y e *Doctor Who*. Mas, se não amar, tudo bem. O subconjunto geek abrange uma gama bem grande de interesses. Confie nos seus próprios gostos quando for para descobrir qual sabor geek único é o ideal para você.

TARA PLATT

Atriz, autora, produtora e dubladora de vários animes e videogames, incluindo a versão em inglês de *Naruto* (Temari) e *League of Legends* (Katarina)

@taraplatt

O que "garota geek" significa para você?

Acho que ser uma garota geek de qualquer fandom diz respeito a mostrar seu amor e sua paixão por algo. Eu sou uma geek de Matemática e Ciências Exatas. Isso é o que me traz alegria e euforia. Ainda bem que vivemos em um mundo maravilhoso onde é possível encontrar muitos tópicos de interesse, de quadrinhos a filmes, de esportes a artes e ciências, nos quais os fãs podem participar e juntar forças para apreciá-los.

Como ser uma geek influenciou positivamente a sua vida?

Bem, é um cantinho divertido do mundo onde parece haver aceitação de quem e o que você é. As pessoas estão sempre procurando saber quem elas serão no mundo, e parece que o mundo geek tornou-se um refúgio para você buscar o seu melhor.

Que conselho daria para as garotas geek, para a carreira delas ou a vida pessoal?

Esteja disposta a ser a melhor versão de si mesma e não deixe que a opinião de qualquer pessoa fique no caminho de quem você realmente é.

Capítulo 2

[Fandom se intensifica]: garotas geek on-line

A internet é um mundo vasto e mágico. E é um ótimo lugar para garotas geek de todo o mundo criarem amizades duradouras. Infelizmente, porém, nem tudo é só arco-íris e unicórnios. Há marcações impróprias, brigas de fandom e os nojentos, cavernosos e grotescos trolls, que se alimentam do anonimato on-line. Mas nada temam, garotas nerds! Peguem suas balestras, capas e se aprontem porque vamos entrando bravamente no mundo da internet.

Os sete reinos da internet

Lá se foram os dias em que as garotas geek tinham de procurar por lugares obscuros, canais do IRC e páginas podres escritas todas em MAIÚSCULAS (saudades, Geocities) para encontrar amigos. Todo mundo e todas as mães estão nas redes sociais hoje em dia (te amo, @NancyMaggs!), mas isso não quer dizer que é fácil se aventurar por aí. Diferentes redes sociais são boas para coisas diferentes, e todas têm regras próprias, como onde#colocar #aquelas hashtags# e como garantir a sua segurança. Garotas, todo mundo já foi um novato. Permita-me apresentar o seguinte guia de segurança e etiqueta na internet (internetiqueta? /ugh).

Legenda

Reino: O site em questão

Moeda: O tipo de coisa que você pode compartilhar

Terreno: A geografia — a interface principal do site

Reino: Twitter

MOEDA: Postagens de 140 caracteres (ou menos!)

TERRENO: Linha do tempo (timeline) ou Twitter feed

O Twitter é fantástico por diversos motivos. Você pode acompanhar suas celebridades favoritas, séries e canais da mídia conforme eles mandam notícias; pode fazer uma lista dos seus amigos NVR que valem a pena seguir; pode descobrir colegas geeks que amam #GameofThrones; tudo isso e mais. Você não precisa usar seu nome real (não é o Facebook, ninguém liga), mas muitas pessoas usam, e é aí que o Twitter fica da hora. É um recurso incrível para interagir com garotas que gostam das mesmas coisas, fazer amigos e até contatos profissionais.

- Tuitar ao vivo (postar suas reações a eventos conforme eles acontecem) é uma grande forma de compartilhar e conectar. Faça isso com programas de TV, painéis de convenções, festas de lançamento, qualquer coisa que você ame e, assim, o restante de nós indiretamente vivenciará o evento.
- Floodar (publicar vários tuítes em um curto espaço de tempo) é péssimo! A não ser que esteja tuitando ao vivo um evento de importância nerd, tente se segurar um pouco. O Twitter pode até bloquear sua conta por algum tempo (ou seja, impedir você de postar novos tuítes) se você mandar muitas mensagens de uma vez, então, controle-se.
- Agora que o Twitter mostra imagens, evite postar material NSFW (*"not safe for work"*, ou seja, que não é seguro ver no trabalho). Algumas pessoas usam o Twitter no trabalho, em cafés ou na casa dos pais. Já pensou?! É melhor postar algo que não seja seguro com um aviso e um link externo para a imagem, em vez de colocar direto no Twitter.
- Ninguém confia em anônimos com a foto padrão no perfil. Se você ainda estiver com a imagem padrão no perfil, não fará nenhum amigo! Você não tem de colocar seu verdadeiro rosto adorável, mas ao menos mude para algo que mostre que você é humana (como a sua heroína favorita dos filmes do Miyazaki).
- Não é preciso compartilhar seus tuítes com todo mundo. Você pode "proteger" a sua conta de modo que somente as pessoas que você autorize possam segui-la e ver sua linha do tempo. Se a sua intenção é ter uma conta pública, certifique-se de que suas configurações não permitam que o Twitter automaticamente indique sua localização. Nunca se sabe quem quer te encontrar neste mundo, então é melhor prevenir do que remediar.
- Mantenha sua conta segura de invasores ativando a verificação de login em dois passos (usando seu telefone para confirmar que é você mesma). É possível também solicitar informação pessoal (como seu número de telefone) para alteração de senha.

- É maravilhoso tuitar uma foto da fila em que você está de uma pré-estreia ou um símbolo geek que alguém colocou na fachada da sua cafeteria favorita, mas fique atenta: ainda que tenha desativado a localização, esse tipo de foto pode denunciar exatamente onde você está. Se quer mesmo tuitar algo de localização específica, espere até estar em outro lugar para fazer isso.
- Está seguindo alguém que flooda seu feed com retuítes "hilários" ou com pensamentos aleatórios? Você pode desativar retuítes (para ver somente o que pessoa escreve) ou silenciar a conta, de modo que você não veja mais nada dela (mas ainda apareça na lista de seguidores). Sem mágoas!

Reino: Facebook

MOEDA: Atualizações de status, fotos, links, vídeos... Quase tudo o que você conseguir copiar e colar na caixa de "No que você está pensando?"

TERRENO: Mural

Você já deve saber como usar o Facebook com o seu nome real para se manter em contato com a família e com pessoas do seu passado (heloooo, namoradinho bizarro da escola!). Mas se você for escritora, artista, cosplayer ou alguém que queira mostrar quão legais são as "coisas criativas" que faz, pode criar uma página no Facebook para aumentar o número de seguidores, como se fosse uma plataforma de marketing. Isso é bem menos invasivo ao seu espaço pessoal. Quer dizer, é normal se estranhos curtirem a sua página (e isso significa que você não terá de se preocupar com aqueles seus álbuns de fotos de 2007, quando vestiu uma capa e a gravata do seu pai para ir à estreia de a *Ordem de Fênix*).

- Convide todos os que conhece para curtir sua página – família, amigos, colegas de escola – e peça que eles convidem os amigos também. Quanto mais postagens compartilháveis fizer (especialmente imagens), mais rapidamente sua mensagem chegará a novos fãs. Contudo, nunca se sinta obrigada a aceitar com seu perfil pessoal a amizade de alguém que não conhece. Esse perfil deve ser reservado a pessoas que você já viu e com quem já conversou NVR.

- Boas atualizações de status no Facebook são bastante visuais e compartilháveis (por exemplo, uma foto do seu cosplay de Sakura ou sua nova fanart do Johnlock). Não deixe de colocar uma pequena marca d'água com um link para a sua página, de modo que o crédito ainda exista quando sua imagem circular fora do Facebook. Artigos e postagens de blogs que seus fãs podem gostar também são ótimas apostas.
- Se os seus fãs querem entrar em contato com você e mandar coisas, considere alugar uma caixa postal próxima a sua casa.
- Curta muitas páginas! Apoiar garotas geek e artistas é muito legal, e é tão fácil quanto um clique. Se quer aumentar a contagem de fãs deles sem querer as atualizações no seu mural, opte por ocultar as postagens.
- O Facebook não é o melhor lugar para se conectar com pessoas novas. Uma mensagem amigável para alguém que não é seu amigo pode acabar no buraco negro da caixa de entrada etiquetada como "Outros" e nunca ver a luz do dia. Se mandar uma mensagem privada para alguém e essa pessoa não responder, tente chamar a atenção dela por outro meio.
- Não convide o drama. Status como "Não quero falar sobre isso" ou "Aiiiiiiiiiiiiii" fazem você parecer alguém desesperada por atenção, e debates políticos são uma espiral interminável de destruição. Se alguém postar algo provocador, sexista ou apenas estiver sendo babaca, não deixe um comentário (não importa quão hilário ou sagaz!); em vez disso, desfaça a amizade ou bloqueie as atualizações.

t Reino: Tumblr

MOEDA: Postagens reblogáveis: textos, fotos, citações, links, chats, áudio ou vídeo

TERRENO: Seu painel de controle (dashboard)

O Tumblr é uma plataforma de microblog para você fazer uma curadoria de tudo o que quiser: fotos, vídeos, GIFs, textos, links, pensamentos — e você definitivamente não precisa relacionar o seu perfil com a sua verdadeira identidade. Quero dizer, não tem problema se quiser (eu uso meu verdadeiro nome, por exemplo); porém, você também poder criar um nome de usuário a-bunda-do-castiels-cheira-como-o-paraíso e ninguém vai achar nada. O Tumblr lhe dá liberdade total para dizer ou postar qualquer coisa que quiser. Também é um lugar incrível para fandoms e para formar comunidades de fãs.

- Coloque uma tag em tudo o que postar! Isso ajuda outras pessoas a reconhecer o que estão procurando. Também ajuda as pessoas a encontrar seu cosplay, sua fanfic ou sua arte original. Diferentemente do Twitter, as tags do Tumblr incluem espaços e pontuação. Por exemplo, encontrei o incrível papel de parede do meu celular ao procurar pela hashtag #elementary fan art.
- Baixe o aplicativo *Tumblr Savior*. É um programa grátis para o navegador Google Chrome que permite que esconda qualquer tópico que não lhe interessar. Coloque as palavras que você quer evitar na sua lista negra (qualquer coisa do seu NPP até alguns gatilhos sérios) e postagens relacionadas nunca mais aparecerão no seu painel.
- Reblog coisas que você ama em vez de criar novas postagens ou repostagens. Ao reblogar, dará crédito para a fonte original e adicionará valor a esse conteúdo, aquele valor imaginário da internet que tanto amamos.
- Sempre mantenha o crédito das artes. (Imagine passar eras trabalhando em um webcomic apenas para descobri-lo ela flutuando por aí no Tumblr sem o seu nome associado! Deprimente.) Se a arte tiver assinatura, não apague. Se há crédito de texto, não remova. Não credite a si mesmo como a fonte. Em vez disso, se não tiver assinatura, faça uma pesquisa de imagens no Google (clique no ícone da câmera pequena para pesquisa com imagem) e veja se pode rastrear a página do artista original no DeviantArt ou no Society6.
- Não ponha tags no seu ódio. Nunca é demais repetir: *não ponha tags no seu ódio*. Se estiver fazendo um post sobre quão terrível você acha que *Supernatural* é, tudo bem (acho). Mas tem todo

mundo do SuperWhoLock que gosta da série e é bom não atrair a atenção deles ao colocar a tag #Supernatural na sua postagem.

- Se precisar mesmo colocar um spoiler, por favor, coloque uma tag para avisar, esconda a postagem (de maneira que os leitores precisem clicar para que todo o post seja revelado), ou inclua um *grande* aviso de spoiler.
- E definitivamente procure temas e escolha um que permita que pessoas que não têm contas no Tumblr possam curtir o seu como se fosse um blog. Mas evite coisas chatas como panos de fundo feitos com GIFs (isso pode causar convulsões!), músicas que tocam sozinhas quando as pessoas visitam a página (não é o MySpace) e fundos em preto com texto em neon (meus olhos, socorro!).

Reino: Instagram

MOEDA: Fotos, com ou sem filtros legais, e vídeos

TERRENO: Feed

Fotos! Imagens para todo o lado. Você pode ter um Instagram pessoal, um de cosplay, um para pintura de unhas, um dedicado a vídeos adoráveis do seu gato, ou de qualquer coisa. Pode até escrever grandes descrições, mas cada postagem tem de ser uma foto ou vídeo.

- Se você é boa com as selfies, leve isso para o Instagram. Mostre seu novo vestidinho do Homem de Ferro, mande uma foto da loooonga fila de entrada para a próxima convenção ou apenas pose sempre que achar que está linda. (Embora sugiro que evite selfies no banheiro. Banheiros são nojentos.) As pessoas podem tentar fazer você se sentir culpado por fotografar o seu rosto lindo o tempo todo, mas, quer saber? Se você está se sentindo bem, vale a pena compartilhar.
- Tenha certeza de que está usando as hashtags apropriadas! É assim que pessoas que ainda não seguem você vão encontrar suas fotos, certo? Se procurar a hashtag #cosplay, quero ver as suas coisas, então tenha certeza de que está marcando tudo corretamente. Outras

tags populares são #lookdodia e #nofilter (para as fotos tão bonitas que nem precisou aplicar o filtro do Instagram).

- Os vídeos do Instagram têm no máximo quinze segundos, o que parece pouco, mas na verdade é bastante tempo. Postar esse tipo de conteúdo é um jeito ótimo de variar suas atualizações. Eu particularmente adoro artistas que postam vídeos em que desenham e depois aceleram. Hipnotizante.
- Agregue às suas fotos apps adicionais: filtros extras, imagens espelhadas, montagens, o que você imaginar. Aplicativos como Postagram deixam você pegar seu material off-line para imprimir ou transformar em cartões-postais, então também procure esses!
- Eu amo todos os tipos de corpos femininos, e acho que nós devemos ostentá-los com orgulho para o mundo. Mas, se você for menor de 18 anos, postar fotos de si mesma de lingerie pode ser prejudicial para sua carreira futura ou relacionamentos potenciais; pode até ser ilegal, dependendo das leis onde você vive. Apesar de ser bacana ganhar um monte de seguidores e likes graças à sua fabulosidade, não publique nada que possa voltar para assombrá-la em dez anos. (O mesmo vale para as fotos de menores de idade bebendo ou usando qualquer tipo de substância ilegal!)
- Configure sua conta no Instagram como "privada" se quiser aprovar seus seguidores. Não há motivo para não fazer isso, especialmente se estiver preocupada com segurança. Mas lembre-se: fotos em contas privadas do Instagram tecnicamente ainda estão na internet.
- Como no Twitter, se tiver um perfil público, tome cuidado ao postar fotos de localização específica. Na dúvida, domine a arte de #depoisgram e poste suas imagens turísticas quando estiver em casa em segurança.

Reino: Pinterest

MOEDA: Imagens

TERRENO: Painéis

Deliciosas cestas de pão de queijo? Unhas incríveis inspiradas em *Star Wars*? Uma interminável coleção de fotos de Natalie Dormer, Lupita Nyong'o e Emilia Clarke (com o título "MINHAS RAINHAS," óbvio)? Pinterest é o álbum de recortes dos seus sonhos. Vasculhe por pins de outros usuários e coloque-os nos seus painéis virtuais, ou colete coisas de toda a rede e reúna-os com o botão "Pin It!" que pode ser instalado no navegador.

- Você pode entrar no Pinterest usando suas contas do Facebook, Twitter ou Google, mas apenas se quiser que sua Identidade Secreta™ esteja conectada com o que planeja colecionar.
- As infinitas páginas de imagens são muito legais de ser vasculhadas aleatoriamente, mas você também pode procurar por qualquer coisa que seu coração deseja: dicas para fazer tranças, tutoriais de maquiagem, ideias para cosplay, sei lá. Sempre há chances de alguém ter colocado um pin sobre o assunto.
- Painéis secretos — ou seja, aqueles que só você pode ver — são ótimos para guardar aquilo que você não quer deixar para o grande público do Pinterest (como as suas fanarts favoritas de Chris Pine/Zachary Quinto). Você pode tornar público um painel secreto, mas não pode tornar secreto um painel público, então, pense bem!
- Pinterest nem sempre funciona bem quando se trata de creditar os artistas originais, então seja uma garota geek responsável e tente colocar pins da página oficial do artista sempre que puder, em vez de usar os de sites agregadores de conteúdo. Se alguém clicar na página do artista, ele ganha visualizações, curtidas e novos seguidores!

Reino: Reddit

MOEDA: Upvotes/downvotes em postagens de texto, links e imagens externas

TERRENO: Página principal, cheia de tópicos dos subreddits da sua escolha

Reddit é um agregador de links e um tipo de híbrido de lista de discussão e feed de notícias. Usuários podem pesquisar por links e tópicos a partir dos "subreddits" padrão, por categorias de interesses (/r/aww, por exemplo, só tem fotos de animais bonitinhos) ou seguir (ou até mesmo criar) o seu próprio /r/ em qualquer tópico de seu interesse.

- Você não precisa de uma conta no Reddit para vasculhar a maioria das ofertas de lá, mas, se quiser acessar qualquer lista que seja privada ou apenas para convidados, é preciso um nome de usuário e aprovação.
- Explore as listas! Se curtir algo, é provável que exista um subreddit: /r/TwoXChromosomes, por exemplo, tem bastante coisa relevante para garotas e é um grande lugar para discussões positivas e apoio.
- Não há limite para o número de contas, então sinta-se à vontade para criar um perfil "descartável" se quiser pedir conselhos para algo pessoal que não quer conectar à sua identidade principal.
- A trollagem aqui é forte. Nem todos os usuários do Reddit são idiotas sexistas, mas há um motivo para que exista essa reputação. É muito fácil cair em um buraco de postagens deprimentes, então escolha seus subreddits com cuidado e fique com os positivos e divertidos (/r/MakeupAddiction, para maquiagens, alguém?).
- Para segurança adicional, aproveite o sistema de login antigo do Reddit (não se cadastre com o Facebook aqui!). Uma boa ideia é manter seu perfil do Reddit desvinculado de suas contas em outros reinos da internet (o que significa também criar um nome usuário específico para este site).

BBS Reino: Fóruns/BBS (bulletin board systems)

MOEDA: Postagens de texto, eventualmente de imagens

TERRENO: Subfóruns de tópicos específicos, ocupados com "threads" (discussões principais) ou discussões individuais

Fóruns são o mais clássico dos reinos da internet. Costumam ser organizados em torno de tópicos de interesse bem específicos — Harry/Draco fanfics, Jensen Ackles, criar réplicas de armas para cosplay etc. — e são um ótimo lugar para ser o que quer que você queira ser. É sério, se quer ser conhecida apenas como Celstasa, a Elfa Sanguinolenta, basta fazer um avatar, e assim será. Por essa razão, fóruns são ótimos lugares para interpretação de papéis ou RPGs (digita uma ação como um personagem em particular enquanto outras pessoas fazem o mesmo, como contar uma história colaborativa), mas também servem como suporte para videogames e MMOs (sigla em inglês para Massive Multiplayer On-line, os jogos multiplataforma nos quais vários usuários podem jogar ao mesmo tempo) ou apenas um lugar para trocar fotos do Tom "Loki" Hiddlestone rindo para a câmera.

- Você precisará de uma conta para postar e, às vezes, até apenas para ler um fórum. Sinto muito, voyeurs. Felizmente, é comum que essa conta não se conecte de verdade com sua verdadeira identidade on-line, então as suas ideias como Inara/Mal ficarão a salvo de seus amigos do Facebook.
- Threads em um fórum costumam ser dispostos em ordem descendente, da postagem mais recente em diante. Então, se sua pergunta ou seu pedido de fanart ficou sem resposta, você pode subi-lo para o topo da lista com um novo post dentro do tópico (pode literalmente só escrever "Subir!"). Não exagere, faça isso duas ou três vezes no máximo, ou será banida por spam.
- Bons moderadores vão manter o fórum funcionando com tranquilidade, banindo usuários abusivos, deletando postagens de spam ou irrelevantes e se certificando de que todas as postagens estão no tópico e no fórum certo. Se você se sentir assediada ou insegura, reporte o usuário para os seus moderadores. Se nada acontecer, talvez seja a hora de procurar um novo fórum. Nunca é ok se sentir insegura!
- Crie uma conta de e-mail especialmente para se inscrever em fóruns (que não seja o que usa nas suas contas de Facebook e Twitter). Isso manterá suas atualizações em uma caixa de entrada enxuta e garantirá uma camada extra de anonimato por segurança (e bom senso).

Uma última coisa, garota geek: *Tome cuidado com o que você postar em qualquer lugar.* (Não quero soar como sua mãe ou aquela tia chata que posta um monte de fotos do cachorro fantasiado no Facebook).Tumblrs anônimos, postagens com pseudônimos em fóruns ou contas descartáveis no Reddit que não estejam conectados com nenhuma das suas redes sociais geralmente são uma aposta mais segura, mas qualquer coisa que postar com seu nome verdadeiro (ou mesmo com o apelido do Twitter) é quase uma horcrux: uma parte de você, aí fora no mundo, que durará pelo tempo que a internet viver. Mesmo bloquear alguém no Twitter não é totalmente eficaz; se sua conta for pública, a pessoa que você bloqueou pode simplesmente deslogar e vasculhar o seu perfil.

Sei mesmo como pode ser difícil segurar a língua quando um colega de trabalho fala algo tão estúpido que dá até vontade de tuitar, ou como é difícil não reblogar aquela coleção de GIFs não muito ortodoxos, mesmo sabendo que seu pai segue você no Tumblr. Mas é super, hiperimportante que você seja discreta. Eu tenho muitas opiniões sobre coisas nerds, feminismo e meu amor por *Círculo de fogo*, mas também presto serviços e sou seguida por grandes empresas da mídia. Todos nós já vimos histórias de empregados que falam nas redes sociais coisas que violam diretamente as políticas das companhias em que trabalham (ou só compartilhando suas pontuações de Candy Crush Saga). Não seja exposta na imprensa, constrangida na frente da sua família ou demitida do seu trabalho. Seja legal e apenas mande uma mensagem para seu amigo a respeito da besteira que seu colega de trabalho falou.

Dedique-se! Torne-se um membro ativo do seu fandom

Uma garota geek sozinha atrás do computador é legal e elegante, mas depois de ter visto os mais populares blogs e fansites, os Tumblrs com mais seguidores ou os fóruns em que todo mundo já parece se conhecer, você vai querer entrar naquela excelente festa do fandom. Mas como?

Permita-me compartilhar um pequeno segredo do fandom: *todas* nós temos um pouco de dificuldades sociais e somos estranhas, mas também amamos as mesmas coisas. Essa combinação é perfeita. Ninguém vai julgar você pelo jeito que é ou pelo que gosta. Além do mais, juntar-se a fandoms on-line lhe dá a oportunidade de encontrar digitalmente garotas geek de todo o mundo. Mergulhar nisso é assustador, porém eu vou guiar você nesta jornada.

Faça como Link e permaneça em silêncio...

Quando se aventurar on-line, fique só observando. Leia os blogs, Tumblrs e painéis de mensagens que queira conhecer melhor e participar, para aprender os detalhes. Descubra quem são os moderadores, que regras seguir e como as pessoas interagem. Atente para regras particulares, termos ou maus hábitos associados ao seu fandom e certifique-se de que você se enquadra nessas politicas quando se envolver com ele.

... então comece

Uma vez que aprendeu tudo, o próximo passo é tão simples quanto começar uma conversa. Você sabe do que está falando — afinal de contas, você viu cada um dos episódios de *Sakura Card Captor* —, então não se segure. Se estiver no Tumblr, comece a mandar mensagens para os seus blogueiros favoritos; no Twitter, mande @ para as pessoas envolvidas no fandom para iniciar conversas. Fóruns costumam ter threads para novatos, então se apresente e encontre outras discussões em que você queria contribuir. Se estiver preocupada com o fato de ser uma novata, diga! Todo mundo foi novo uma vez e recebeu ajuda, bondade ou conselho; eles geralmente vão querer retribuir o favor.

Seja você mesma...

Uma vez que começou a falar com as pessoas, não tenha medo de dar a cara a tapa. Comece stando pessoas e coisas que ama. Envolva-se em debates amigáveis, faça piadas bobas, compartilhe GIFs que valham a pena e deixe seus afinados gritinhos de garota geek ecoarem pela internet.

... ou não

Se estiver começando um novo jogo de interpretação em um fórum, ajeitando sua primeira conta para publicar fanfics ou lotando um novo Tumblr com toneladas de GIFs do Khal Drogo, não há necessidade de cuspir todas as suas informações pessoais. Crie uma identidade baseada no seu fandom — seus seguidores, parceiros e colegas não vão ligar se você assinar como "Sam" ou "garota GoT" "mãe-dos-dragões-696969" (não que eu tenha feito isso!!!!!).

Vale a pena tentar

A beleza da internet é que ela conecta garotas geek, mas também — aimeudeus — as conecta com os criadores das coisas que amamos. É verdade! Seu autor, ator e desenhista favoritos estão ao alcance de um @, e há grandes chances de que ele ou ela fique muito feliz de conversar com você. Se ela tuitar algo a respeito do novo projeto, vá em frente e aperte "responder" e diga quão animada você está. Se você terminar o último livro de uma trilogia e escrever um grande e animado post em seu blog sobre como foi legal, marque a autora quando postar e espere — ela pode agradecer, compartilhar com os seguidores ou linkar no website dela. Mesmo se o seu favorito em particular não use muito as redes sociais, um e-mail amigável para dizer "Você é legal e amo as coisas que você faz" nunca ofende. E se a pessoa não responder não significa que odeia você, apenas está ocupada. Confie em mim, quando você vir aquela notificação (1) vinda da conta dela, você vai se sentir mais fantástica do que um milhão de muppetarms.gif.

Apague incêndios, não os atice

A internet transforma todos nós em grosseirões. Não deixe que comentários desagradáveis — sobre seus shipados, seu site ou sobre você mesma — atinjam você. É exatamente como sua mãe falava sobre valentões no ensino fundamental: eles querem uma reação. Não lhes dê isso! É muito difícil ser a pessoa mais madura quando uma resposta sagaz está a apenas alguns cliques de distância, mas resista, garota. Mantenha sua presença on-line positiva e bloqueie todos os que quiserem incomodar.

Todos os sentimentos: Dez dicas para escrever uma fanfiction de sucesso

1. Saiba onde procurar

A maioria dos autores de fanfics começou como leitor, então você já deve ter uma noção de onde encontrar bons textos do seu fandom. Se você ainda estiver explorando, procure em sites como Fanfiction.net e AO3.org (em inglês), Fanfics.com.br ou Socialspirit.com.br/fanfics e encontre os arquivos dos seus livros, de filmes ou séries de TV para saber o que está sendo feito. Procure no Tumblr por tags sobre um ship particular e investigue sites como o LiveJournal (em inglês) para ver se há uma comunidade estabelecida (se houver, prepare-se para entrar em uma espiral eterna de diversão).

2. Escolha um casal

O tipo mais popular de fanfic costuma ter romances entre dois ou mais personagens. As pessoas amam os textos que as deixam viver um pouco com os seus PPs, então essa é a forma mais rápida de ganhar cliques. Seu par não precisa ser canônico ou do mesmo universo — quão incrivelmente nerd seria um par formado por Willow/Hermione, pense nisso —, então não limite sua imaginação. Fanfic é um daqueles poucos lugares onde você pode deixar seu <3 decidir.

3. Escolha um plot

Há diversos tropes estabelecidos no mundo da fanfic, arquétipos de histórias que aparecem de vez em quando e garantem um grande gerador de sentimentos. Uma história na qual um dos parceiros se machuca e o outro precisa confortá-lo, uma história angustiante de dor ou amor não correspondido, ou um estudo profundo do seu personagem favorito — todas são excelentes opções que levarão você para dentro da cabeça da sua musa inspiradora. Outros clássicos incluem reescrever uma cena canônica sob a perspectiva de um personagem que não tinha ponto de vista originalmente, escrever uma prequela a respeito dos pais dos personagens (Era dos rapazes do Mapa do Maroto, alguém?), ou criar uma "nova temporada" de uma série que foi cancelada antes do tempo. Lembre-se, fanfic é algo que dá às pessoas o que elas querem, então qualquer coisa que faria você gritar positivamente é algo que com certeza deveria escrever.

4. Escreva, escreva, escreva

Você não precisa se considerar uma "escritora" para fazer fanfics. Se ama demais seu PP e tem uma súbita ideia dos dois sujando de sorvete o nariz um do outro, é só isso que precisa para começar.

Tudo bem ficar nervosa; mas, se decidir não criar algo pois está ansiosa porque não será perfeito ou porque outras pessoas podem não gostar, estará fazendo um grande desserviço para você mesma. Nada nunca vai ser perfeito. Está tudo bem (e é por isso que é importante arrumar um bom leitor beta; veja o passo 5). Basta jogar alguma coisa, qualquer coisa, no papel ou na tela. Mesmo se odiar, você foi lá e fez, e essa é a parte mais difícil. Prepare-se com um confortável espaço de escrita, petiscos deliciosos (e muita cafeína) e um pouco de tempo ininterrupto. Conecte sua trilha sonora para o clima perfeito (no 8tracks.com, em inglês, há incríveis mixes feitos por fãs e inspirados em personagens), e então escreva. Se ficar incomodada com alguém que veja você escrever, faça isso bem cedo ou bem tarde da noite, quando os normais estão dormindo. E salve uma cópia do trabalho em um pendrive, em uma nuvem ou no seu e-mail. Não perca todas as suas preciosas palavras!

5. Encontre um leitor beta

Um "leitor beta" é alguém que lê a primeira versão da sua história e contribui com críticas construtivas (qualquer coisa como "Sherlock parece um pouco fora do personagem aqui" até "NOSSA ahhhhhh *morri*"). Se você tem alguma amiga NVR que também é uma garota geek, ótimo! Senão, veja se algum dos seus amigos da internet topariam fazer isso ou então use os serviços de encontrar betas de sites como o Fanfiction.net. Betas são opcionais, claro, mas são valiosos (especialmente em revisão ortográfica e gramatical, se isso não for o seu forte). E ser a beta de alguém vai melhorar suas próprias habilidades como escritora.

6. Poste

A maioria das pessoas faz fanfics com um capítulo por vez, postando em partes quando tem a chance de atualizar. Eis algumas boas razões para essa abordagem: isso lhe dá um cronograma menos apertado (sem prazos!), você recebe críticas imediatas pelo que escreve e faz com que seus pobres leitores fiquem desesperados pela próxima parte [riso maligno].

Mesmo que tenha um surto de inspiração e escreva seis novos capítulos em uma só noite, controle-se e dê espaço para as suas atualizações de alguns dias ou semanas. Além disso, leitores tendem a voltar se você tiver um cronograma consistente, então se eles começaram a esperar coisas novas nas noites de domingo, eles se tornarão fregueses regulares. Por outro lado, tente não sumir completamente nesses intervalos ou seus seguidores irão rapidinho para outro lugar. Mesmo que consiga colocar apenas um capítulo apressado, seus fãs vão apreciar (e vão ficar felizes que você não está, tipo, *morta*).

7. Dar e receber

Claro que a melhor parte em escrever fanfics é saber que alguém mais se sentiu como você quando estava escrevendo o seu texto. Mas a melhor forma de ganhar comentários é ser uma comentarista ativa. Quando se deparar com um texto que amou ou algum em que acha que pode colocar uma crítica construtiva, deixe um comentário útil e positivo. Deixe notas em histórias na coluna do "recém-atualizadas" e será mais provável que você receba respostas rápidas nas suas — esses autores também estão acordados à uma da manhã postando novos textos.

Também seja específica. É sempre legal citar frases que você amou, ou comentar sobre a forma como o autor usa descrição sensorial. Sinta-se à vontade para fazer perguntas (mesmo que sejam retóricas do tipo "COMO VOCÊ PODE FAZER ISSO COM MEU CORAÇÃO?!"). O objetivo é começar uma conversa, não deixar um simples emoticon. *Nunca* inflame (i.e., escrever comentários jocosos e desnecessários), mesmo que você esteja contando ao autor algo que ele tenha feito errado. Comentários construtivos educados são a única forma que os escritores de fanfic têm de aprender que aspectos de sua escrita precisam melhorar. Quanto mais você ler e escrever, melhor vai ficar. É como um esporte, mas sem a horrível atividade física!

8. Vá até o fim

Sem vergonha, garotas. Há, hum, muito sexo nas fanfics. Todo mundo está fazendo isso o tempo todo. Agora mesmo, Harry está pegando Ginna, mas também Hermione, e Draco, e Snape, e às vezes até Dumbledore, e talvez todos ao mesmo tempo, apenas porque sim. Há todo um subgênero de fanfics chamado PWP ("Porn without plot", em inglês, que quer dizer "pornô sem história"), que existe somente para pegar os personagens que você ama e colocá-los para fazer sexo. Claro que nem todas as fanfics incluem cenas explícitas de sexo, não é item obrigatório. Se você quiser, pode deixá-la com a classificação livre para todas as idades, como *A pequena sereia*.

A comunidade da fanfic adotou o termo "pornô" em um sentido mais irônico. Textos classificados como para maiores de 18 anos não exploram ou prejudicam pessoas reais, seja comercial ou sexualmente. Fanfic dá a nós, garotas, a habilidade de escrever sobre os relacionamentos que queremos ler, sobre como os nossos personagens favoritos estão subitamente uns com os outros, e todos os tipos diferentes de relacionamentos — pansexual, bissexual, assexual, todos os sexuais! — têm direito ao mesmo respeito e espaço. Resumindo, se você quer fazer, *faça*.

Quando estiver escrevendo sobre coisas do tipo, não fique com vergonha, mas também não ultrapasse os seus limites. Use apenas o vocabulário com que se sinta confortável e escreva apenas as cenas que acelerem seu coração de um jeito bom (não tem nada de errado com uma cena superquente de pegação sem sexo). Se ajudar, tranque o seu quarto, coloque o seu corselete steampunk mais sexy, fique um pouco embriagada — o que quer que funcione. Sem julgamento, lembra? Escreva qualquer coisa que falar com você (Matemática da fanfic: um gostoso = excelente, outro gostoso = ainda mais excelente, portanto gostoso 1 + gostoso 2 = exponencial explosão de excelência) e deixe as palavras fluírem. Quando terminar e — aham — tiver se acalmado um pouco, não se esqueça de colocar a tag apropriada no texto para que não chegue às pessoas que não estão interessadas.

9. Não sinta vergonha

Obviamente, você está superorgulhosa de todas as cenas impressionantes, difíceis e adoráveis às quais está forçando seus personagens — e leitores — a passar, mas a triste verdade é que algumas pessoas, ao saber que você escreve fanfics, talvez te olhem com desprezo. Não caia nessa. Fanfiction é uma forma de arte antiga e respeitada. Shakespeare roubou diversas histórias do poeta romano Ovídio. Um escocês chamado Robert Henryson leu "Troilus and Criseyde" de Geoffrey Chaucer e escreveu seu próprio "Testament of Cresseid", que é estudado por estudantes universitários. As irmãs Brontë criavam histórias a respeito do duque de Wellington e seus dois filhos (fanfic de pessoas reais!), um dos quais transformou em um super-herói chamado Duque de Zamorna (!). Há zilhões de "homenagens" a Sherlock que surgiram no fim do século XIX, e a primeira fanfic moderna foi publicada em 1967, em um fanzine de *Star Trek* chamado *Spockanalia*, e há ainda as insanamente populares publicações independentes japonesas, feitas por fãs, sobre mangás de sucesso, chamadas de *dōjinshi*.

O meu ponto é: fanfic não é uma coisa nova e não é uma forma "menor" de ficção. Claro, você está escrevendo com personagens de outras pessoas, mas isso pode proporcionar tantas coisas boas. Autoras de fanfic (como E. L. James, que escreveu *Cinquenta tons de cinza*) conseguiram grandes acordos para publicar livros e muitos autores publicados admitiram ter um passado pelas fanfics (Meg Cabot? *Star Wars*. S. E. Hinton? *Supernatural*. Neil Gaiman? Nárnia, Lovecraft e Sherlock). Então, tenha orgulho do que você faz, porque escrever fanfic é apenas, bem, *escrever*.

10. Ame, ame, ame

No caso de ainda não ter certeza, aqui vão todos os motivos por que ser uma escritora de fanfic é mais do que legal:

- Podemos praticar a escrita de ficção, sem o receio de censura ou julgamento severo.
- Recebemos retorno instantâneo do que estamos escrevendo, desde leitores beta até comentaristas, o que nos permite crescer como autoras.
- Fanfics formam comunidades baseadas na escrita e nos interesses similares em personagens ficcionais e nos apresentam a amigos do mundo todo.
- Fanfics nos deixam criar modelos de condutas empoderadores para grupos marginalizados pouco representados.
- Fanfics nos dão a oportunidade de explorar nossa identidade sexual e formar pares de que sentimos falta na mídia.
- Fanfics nos permitem criticar partes problemáticas nas nossas coisas favoritas ao reimaginá-las de uma forma positiva e útil.
- Fanfics são totalmente incríveis.

Um glossário do modo fanfic de falar

Fanfics são muito legais, mas usam categorias e terminologias que você pode nunca ter visto em sua livraria. Segue um guia rápido para procurar coisas que você quer e eliminar o que não quer.

Ciranda, cirandinha Em inglês, "round robin". Uma fanfic cujos capítulos foram escritos por vários autores diferentes. (Superlegal de fazer por e-mail!)

Coelhinho do Plot Uma divertida nova ideia para uma história que fica pulando na cabeça do autor, como, bem, um coelhinho. Em inglês, "plot bunny".

Crossover Uma fic ou HQ que reúne personagens de universos completamente diferentes. Você pode ter Mickey Mouse na Enterprise ou Sephiroth resolvendo crimes em *Lei e Ordem*.

Dor-Conforto Bem autoexplicativo: um personagem está sentindo dor (emocional ou física), o outro personagem oferece conforto.

Drabble Uma *one-shot* que tem exatamente cem palavras.

Femslash O mesmo que *slash*, mas com garotas. Às vezes "femmeslash".

Ficlet Uma *one-shot* um pouco maior que uma *drabble*.

Fluff Sem revolta nem tristeza, apenas romance leve.

Gen Às vezes você não quer romance. As histórias gen (da palavra em inglês "general", que significa "geral, comum") são histórias desprovidas de casais ou enredos românticos.

Mary Sue Uma personagem original em um fanfic; normalmente uma versão idealizada do autor. Exemplo: uma elfa supergostosa chamada Sam que fica com todo mundo em *O Senhor dos Anéis*. (Poderia acontecer perfeitamente, certo?)

MPreg Em inglês, "male pregnancy", ou seja, gravidez masculina. Em outras palavras, personagens homens com filhos.

N.A. Abreviatura para "Nota do Autor", ou seja, sua chance para discutir seu novo capítulo (ou apenas se revelar em meio às risadas e às lágrimas dos seus leitores). Em inglês, é A/N, "author's note".

No-Con Abreviação para "não consensual", indica que o texto tem algum assédio sexual. Similar, "dub-con" implica consentimento dúbio.

One-Shot Fanfic de um só capítulo.

PWP "Porn without plot", em inglês, que quer dizer "pornô sem história". Só sexo o tempo todo. Outros nomes para histórias com pornografia explícita são "smut" e "lemon". Uma "lime" é quando um personagem faz uma bagunça bem explícita, mas sem chegar a fazer sexo.

RPF "Real Person Fiction", ou seja, "ficção com pessoas reais", que é exatamente isso que você pensou: histórias a respeito de pessoas reais (quase sempre celebridades).

Slash Termo criado na década de 1960 para descrever fanfics com Kirk/Spock, depois disso passou a ser usado para a maioria dos fanfics que envolviam casais do mesmo sexo (geralmente homens).

Songfic Uma história cuja sinopse é baseada na letra de alguma canção.

Squick Uma fic com temas que podem dar nojo, geralmente envolvendo tabus sexuais.

TEP Trabalho em progresso; i.e., um texto que você ainda não terminou de escrever (ou terminou de acertar as arestas). Em inglês, WIP, "work in progress".

UA "Universo Alternativo" (em inglês, AU, "alternate universe") significa uma mudança muito grande no cânone, com um grande impacto na vida dos personagens. Textos UA podem incluir um de Harry Potter no qual o trio é composto por trouxas ou uma história da Xena na qual ela está com Gabrielle em algum lugar no Brooklyn.

UST Sigla para "Unresolved Sexual Tension", ou seja, "tensão sexual não resolvida", que significa que os personagens têm uma grande química, mas não a levam adiante.

Yaoi Histórias inspiradas por animes ou mangás com uma relação homossexual de homens, focada em leitoras.

Yuri Igual à anterior, mas com uma relação homossexual entre mulheres.

A Máquina Suprema de Ideias para Fãs

Fanart, fanfics... *tudo o* que é feito por fãs é surpreendente porque você pode fazer, literalmente, qualquer coisa que quiser com seus personagens e cenários. As possibilidades para remixes, UAs, zines de quadrinhos ou músicas nerds são infinitas. E isso é... um pouco assustador, na verdade. Às vezes, você pode ficar presa no sexto capítulo da sua história, ou então precisar descobrir uma nova vertente nas suas coisas favoritas.

Ligue a MSIF: misture e combine sentimentos, personagens e reúna tudo para criar uma incrível ideia de fic, um novo lugar para colocar o seu PP, um novo tema, uma discussão para o seu canal no YouTube, ou talvez só um bom conjunto de GIFs. Escolha um item de cada coluna, misture e combine até encontrar o conceito perfeito para o seu próximo trabalho. Malignos Irmãos gêmeos lobisomens em um baile de gala? Pais brincalhões vindos da era vitoriana? Uma troca de corpos do tipo *Dor-Conforto* em um navio pirata? O poder é seu!

SENTIMENTOS	PERSONAGENS	LUGAR
Derrota	Normais	Cafeteria
Oprimido	Hipster	Ilha deserta
Loucura	Gótico	Escola
Mentira	Vampiros ou lobisomens	Faculdade
Aterrorizado	Sereias ou zumbis	Baile de gala
Desafiador	Troca de sexos	Maratona de filmes
Vingança	Novos pais	Agência de detetives
Ódio	Criminosos	Biblioteca
Raiva	Rockstar/groupie	Convenção
Redenção	Rebeldes que fogem do governo	Banquete
Covardia	Amigos da internet	Jantares que se estendem pela noite
Maldade séria	Viajantes do tempo	O casamento de um ex
Amnésia	Artistas em conflito	Gibiteria
No-con	Fingindo ser casados	Sala de emergência
Dub-con	Estudante/professor	Dia da mudança
Gêmeo maligno	Encontrando-se pela primeira vez	Museu
Tensão sexual intensa	Isso poderia ser canônico	Sala de aula
Afagos adoráveis	Enfrentamento épico	Vegas
Amizade	Corrigindo o que é canônico	A Matrix
Ausência que intensifica o sentimento	Troca de gênero	Era vitoriana
Finais felizes	História de origem	CIA
Alegria	Acusação	Navio pirata
Heroísmo	Alguém vai morrer!	Corte do mago Merlim
Humilhação	Troca de corpo	Dungeon BDSM
Intimidade	*Sexo*	Uma caverna ou ilha deserta
Brincalhão	Poder de ler mentes	Cabana no norte do Canadá
Bêbado	Tarefas domésticas	Terra árida e congelada

Tipos de trolls e como derrotá-los

Trolls são terríveis, não importa onde estejam. Os do Tolkien eram superfortes e, ainda assim, muito estúpidos. Os trolls do Discworld eram rochas gigantes que grunhiam. E, de acordo com as regras do D&D, trolls continuam ressuscitando se você não detoná-los com fogo ou ácido.

Mas há todo um subconjunto de trolls que, infelizmente, não são ficcionais: as pessoas que existem apenas para espalhar ódio, tristeza e melancolia por todo o universo on-line. Os trolls da internet vêm implacavelmente atrás das garotas geek, sabendo que nunca poderemos encontrar os alter egos deles em busca de vingança. Os ataques vão desde xingamentos superficiais a uma variedade de discursos de ódio a respeito de gênero e sexualidade. Assim como seus similares em videogames, filmes e livros, os trolls da internet não são homogêneos. Cada espécie tem uma característica horrorosa, e conhecer o tipo de troll com que está lidando é a chave para planejar o contra-ataque. Felizmente, você tem o grimório mágico bem às suas mãos. Eis ao que deve ficar atenta.

Troll do Cavalo de Batalha

Está digitando no celular? Com uma só mão? Na correria? Esses trolls não ligam. Eles estão com vergonha alheia, mortificados porque você se atreveu a escrever "comcerteza" quando deveria ser "com certeza"; horrorizados porque esqueceu uma vírgula; pessoalmente ofendidos porque você errou o uso do "porquê".

TROLOLÓ TÍPICO: "Como se eu pudesse levar qualquer coisa do que você diz a sério depois de você colocar dois espaços após o ponto final, sua analfabeta."

Troll da Montanha

Gritar é uma resposta madura e incrivelmente relevante, então o Troll da Montanha fala em VOLUMES BEM ALTOS e é incapaz de desabilitar o botão "Caps Lock" (por coincidência, o ar rarefeito da montanha faz o cérebro dele ser privado de oxigênio). Estudiosos dos trolls costumam discutir a respeito da interpretação desses gritos do Troll da Montanha porque ouvidos humanos tendem a receber esses barulhos como um som ininteligível.

TROLOLÓ TÍPICO: "VC NAUM TEM IDEIA QUE C TA FALANDU KKK VOLTE P/ COZINHA QRU SANDUICHE"

Troll do Rio

Este troll tira o contexto da sua fala, distorcendo a mensagem original, e então responde com um fervor típico de debates políticos. Ao tornar tudo o que você diz horrível e pessoalmente ofensivo, o Troll do Rio estabiliza o meio dele com um constante fluxo de água que sai dos olhos dele.

TROLOLÓ TÍPICO: "Naquele tuíte em que você disse preferir gatos a cachorros parece que na verdade você quer assassinar todos os gatos da face da Terra, e vou dizer pra todo mundo que você é uma terrível assassina de gatos!"

Troll de Fogo

Trolls de Fogo existem para uma única razão: inflamar sua raiva. Os insultos são sempre os mesmos (algo sobre quão terrível você é por ser uma garota) e eles nunca vão vacilar, não importa quanto argumente.

TROLOLÓ TÍPICO: "Vagaba imbecil, cala sua boca estúpida e se mata."

Troll no Cavalo Branco

Embora você não precise nem queira a ajuda do Troll no Cavalo Branco, ele vai cavalgar em seu corcel para defendê-la dos outros trolls. (Já viu um troll em um cavalo? É estranho.) Trolls no Cavalo Branco podem às vezes virar os Trolls Bonzinhos, que acreditam que mulheres são como máquinas de refrigerante, nas quais você deposita Educação e então Sexo cai. Eles estão errados.

TROLOLÓ TÍPICO: "Caras, deixem a menina em paz! Argh, sinto muito. Então, você gostaria de sair mais tarde, ou...? ... Não? Mas eu fui *tão* *legal*! Você *me deve* um encontro. Se não sair comigo, você é uma *vagabunda* e eu te *odeio*."

Olog-Hai

Esses trolls criados por Tolkien são aqueles que conseguem suportar a luz do sol e entender a linguagem. Os Olog-Hai acreditam que são mais inteligentes, rápidos, espertos e melhores que você em todos os sentidos possíveis. Amparados pela magia do Google e da Wikipédia, sabem de tudo sobre tudo e vão discutir até o fim dos tempos, porque nunca estão errados. Como aquele cara que estudou com você na faculdade e que ainda não tinha se formado depois de sete anos, mas achava que sabia tudo sobre política por causa de uma aula de ciência política em que ele participou como ouvinte no primeiro ano. Fato: é estatisticamente impossível ganhar uma discussão com um Olog-Hai.

TROLOLÓ TÍPICO: "Claro, já que Virginia Woolf disse em *Um teto todo seu* que 'uma mulher tem de ter dinheiro', então *obviamente* as garotas só estão atrás de grana."

Troll de Gelo

Mais conhecido como o Troll Spoiler, essas criaturas circulam pela internet procurando maneiras de arruinar a sua vida. Trolls de Gelo subsistem com os gritos consternados de fãs decepcionadas e se recusam a colocar avisos de spoiler em suas grandes revelações. São particularmente vulneráveis aqueles que se recusam a ler os livros de *Guerra dos Tronos* antes que a temporada correspondente de *Game of Thrones* vá ao ar, pessoas que tuitam ao vivo quando seu programa favorito está sendo transmitido e fãs que gravam para ver mais tarde.

TROLOLÓ TÍPICO: "Uau, não acredito que Rick transformou todas as pessoas do acampamento em zumbis e depois matou-as com uma marreta naquele episódio de *The Walking Dead* que literalmente ainda está passando, foi LOUCOOOOOOOOO."

Troll Espírito de Porco

Feito apenas de vapores, o Troll Espírito de Porco precisa machucar a sua autoestima para sobreviver. Se você tem um canal no YouTube, escreve artigos ou faz fanarts, o Troll Espírito de Porco estará à espreita nas sombras dos comentários, pronto para elucidar quão terrível você é, pedir que pare de produzir conteúdo e informá-la de quanto ele te odeia. Não importa quão incrível ou popular seja o seu conteúdo, Trolls Espírito de Porco sempre a lembrarão de que não se pode agradar a todos.

TROLOLÓ TÍPICO: "Você é a pior escritora que já li, eu poderia ter escrito um artigo melhor do que este quando estava no nono ano. Por que você não nos faz um favor e nunca mais escreva nada? E espero que você morra em um acidente de carro amanhã, só porque sim."

Tor'Gal, o chefão Troll

Enquanto os outros trolls são bem inofensivos NVR, Tor'Gal — o líder de todos os trolls — pode causar sérios problemas no mundo real. Tor'Gals vão vasculhar sua vida pessoal, sua informação particular e postar tudo publicamente de forma que seus trolls mirins possam atacá-la pelo telefone ou mesmo em pessoa. Se algum dia você enfrentar um Tor'Gal, não vacile: contate as autoridades e avise-os

sobre o que está acontecendo. Colete o máximo possível de informações do agressor (o que pode ser bem difícil on-line, eu sei) e se certifique de catalogar, datar e capturar uma imagem de cada um dos ataques, especialmente ameaças físicas. Você pode fazer uma denúncia pelo site do Ministério Público Federal, pelo site Cidadao.mpf.mp.br ou buscar uma delegacia especializada em crimes virtuais, com ou sem o aconselhamento de um advogado. Não deixe de conferir as preciosas dicas de prevenção e denúncia de crimes na internet no site Safernet.org.br.

TROLOLÓ TÍPICO: "Não acredito que uma garota teve a audácia de tentar jogar ou comprar um jogo on-line. Aqui está o número do telefone e os endereços dela para vocês falarem *na cara dela* quanto a odeiam."

Contra-ataques

Já ouviu o clássico "não alimente os trolls"? Se está aí há tanto tempo é porque funciona. Todo tipo de troll tem uma coisa em comum: sua sede é real. Trolls precisam de um fluxo constante de respostas para as postagens intencionalmente rudes ou provacadoras; senão, seus pontos de vida vão drenar lentamente, e eles precisam fugir para outras paragens. Ao negar-lhes atenção — a essência vital deles —, você lhes tira o poder, deixando-os raivosos com o vácuo da internet, sem afetar ninguém.

Entretanto, essa não é uma solução de longo prazo. O principal problema com a teoria do "ignore-os que irão embora" é que isso silencia grandes garotas geek como nós. Claro que, ao se recusar a responder, você assegura que os trolls fujam dessa batalha, mas também faz com que pareça assustada, silenciada ou envergonhada. Pior ainda, é provável que o troll simplesmente migre para sua próxima vítima. As garotas geek merecem poder deixar a sua marca na internet — e no troll ocasional também —, por isso aqui vão alguns métodos fáceis para permitir que sua voz seja ouvida pelos reinos.

Contra-ataque 1: Lois Lane, Repórter

Quase todas as redes sociais têm um sistema para reportar e bloquear usuários que espalham discursos de ódio, incomodam os outros ou postam conteúdo violento ou ameaçador. Mesmo os velhos painéis de mensagens em fóruns possuem moderadores que comandam o Martelo de Batalha Incrustado de Diamantes Anti-Troll de Banimento Permanente. Se você estiver sendo trollada, reporte o troll nos meios apropriados e bloquei-o. Se tiver bons amigos na internet (e você é uma nerd, então deve ter um monte), faça com que reportem e bloqueiem seu trollnimigo também.

Contra-ataque 2: Mia Fey, Advogada de primeira

Se estiver sendo trollada por algo em que você acredita, pode tornar esse troll em um agente do bem. Em vez de responder diretamente ou em modo privado ao seu troll, acrescente um ponto final antes da mensagem em @ no Twitter ou poste sua resposta publicamente no Tumblr. Agora, quando você despeja conhecimento na sua resposta, isso não se vira para o benefício do troll; ele é apenas o conduíte pelo qual você poderá ensinar o restante dos seus seguidores. Continue a ignorar quaisquer respostas subsequentes dos trolls originais — ou de outros trolls que apareçam no caminho —, mas faça isso sabendo que pode ter influenciado pelo menos um voyeur do seu feed de notícias. Você pegou o distorcido fluxo de crítica e o transformou em um arco-íris de unicórnios.

Contra-ataque 3: Jade, Fotógrafa proficiente

Logo que as coisas ficarem feias, faça como a protagonista durona do videogame *Beyond Good and Evil* e comece a tirar fotos. Use a função *printscreen* do seu computador para compilar o máximo possível de imagens de xingamentos, discursos de ódio ou qualquer tipo de ofensa. Certifique-se de pegar o nome de usuário do troll e uma imagem de perfil, se possível. Não assuma que as coisas ficarão lá para sempre; um permalink não servirá de nada se o troll deletar os posts nojentos. Se as coisas se intensificarem até que você não se sinta mais segura (e queira recorrer às autoridades), vai ser bom ter um registro do que foi dito e quando.

Contra-ataque 4: Saffron, Devoradora de homens de segunda mão

Se os trolls xingarem você de coisas horríveis, usarem linguagem baixa ou argumentos ridículos, primeiro: ria. Trolls não suportam reações positivas e se apequenam ante o som de uma risada feminina, recuando lentamente para a escuridão de suas cavernas. Agora, em vez de enfrentar o troll diretamente, apenas faça com que seu comentário original fique público: retuíte, reblog, poste no seu feed com todas as informações das redes sociais do troll. Não só seus seguidores vão atrás do troll com a raiva de mil ninjas raivosos (ou piratas, relaxe) como também estará expondo o ódio do troll para o mundo.

É importante que as garotas geek não sofram a ira do troll em silêncio, porque silêncio é uma aprovação tácita. Expor o discurso do troll para o mundo lembra às pessoas que essas coisas estão acontecendo: garotas geek estão sendo atacadas e isso não é certo. Tenha certeza, porém, de agir sempre como se sentir mais segura. Sua segurança on-line é prioridade, garota geek, por isso nunca se sinta mal por não responder se acreditar que é a melhor saída. Eu faço isso o tempo todo.

Agora que sabe como identificar, lidar e até atacar a miríade de trolls a que será exposta, siga em frente e poste sem medo. Não se esqueça: todas nós estamos aqui para apoiá-la... embora seja sempre bom ter uma aljava cheia de Flechas Flamejantes +2, por via das dúvidas.

Lei de Wheaton: não seja babaca

Garotas geek são pessoas apaixonadas! Emoções falam alto no fandom, e isso é uma coisa boa; nós não amaríamos tanto nossos programas favoritos ou celebridades se não nos dessem tantas emoções loucas. A internet nos proporciona um espaço em que podemos expressar todas as nossas opiniões e emoções imediatamente, mesmo em lugares onde nem todos concordam com você.

No entanto, é importante lembrar que todos nós estamos do mesmo lado no fandom, embora nem sempre pareça. Mesmo se não compartilha a opinião exata de outra pessoa, ainda somos todas garotas geek. Você não iria até alguém pessoalmente e diria coisas horríveis, por isso não o faça on-line. Pode ser difícil resistir, o anonimato faz com que essas coisas sejam fáceis, especialmente no calor do momento, mas ser educada vai fazer você se sentir melhor . Respeitar a opinião das outras garotas nerds é incrivelmente importante, mesmo que não concorde com elas. Além disso, o carma é implacável: o que vai, volta — não importa como você chama isso. Você vai querer colocar coisas positivas na internet na esperança de que receba positividade em troca. E não se esqueça: as coisas vivem on-line *para sempre*, portanto, não deixe que postagens feias, como aquela sobre como você odeia a cor do cabelo de alguém — sigam-na pelo resto da vida.

Então, mesmo que alguém goste mais de Jake e Finn do que de Fionna e Cake, lembre-se de que têm em comum *A Hora da Aventura*. Se alguém não achar que Steve Rogers é claramente bissexual, você ainda pode focar a ligação sobre seu amor compartilhado pelo Capitão América. Sério, em qualquer briga de ships, desafios de stans ou argumentações sobre cânone, lembre-se de que discussões são boas, mas brigas provocativas, não.

Resumindo, siga sempre o conselho imortal do deus da internet e eterno aluno em *Star Trek*, Wil Wheaton: "Não seja babaca". Aplique essa regra para toda a sua vida, incluindo off-line.

Entrevistas com

Jamie Broadnax,
Ashley Eckstein,
Erica Schultz
e Beth Revis

JAMIE BROADNAX

Criadora das Black Girl Nerds, escreve para MadameNoire e Afropunk, é vice-presidente da SheThrives Network

@JamieBroadnax

O que "garota geek" significa para você?

Significa alguém que é fanática por uma cultura específica, hobby ou arte. Geeks podem curtir cosplay, videogames, programação, livros ou ciência.

Como ser uma geek influenciou positivamente a sua vida?

Permitiu-me aceitar a minha identidade e nunca me desculpar por quem eu sou e pelo que gosto. Ser uma geek pode ser assustador, pois algumas pessoas podem não entender seus gostos. Entretanto, ao aceitar o seu lado geek, você abraça as suas excentricidades e não fica com medo de viver fora da normalidade. Essa é a beleza de ser uma geek.

Que conselho daria para as garotas geek, para a carreira delas ou a vida pessoal?

Aceite sua identidade e celebre o seu fandom. Se é uma geek que gosta de videogames, que é um meio dominado majoritariamente pela ala masculina, não se desculpe e encontre outras garotas que compartilham o fandom. Geeks verdadeiras focam tempo, energia e recursos nos seus fandoms e não em outras pessoas. Os relacionamentos que você constrói com os outros por causa do fandom acontecerão naturalmente. Apegue-se ao que você ama mais e encontre aquele hobby geek que atinge os desejos mais profundos do seu coração. Quando isso acontecer, poderá fazer o que quiser e se divertirá à beça!

ASHLEY ECKSTEIN

Dubladora (Ahsoka Tano original de *Star Wars: The Clone Wars*, nada demais), criadora da linha Her Universe fashion e ídolo de todas as nerds pelo mundo

@HerUniverse

O que "garota geek" significa para você?

Sempre gostei da nomenclatura e ganhei meu distintivo de garota geek com orgulho e honra. A maioria das pessoas encara como sinônimo de gostar de ficção científica e fantasia, mas acho que também se estende a outras áreas de interesse, como cozinha ou esportes! Como fãs do sexo feminino, nós nos unimos em torno dos nossos interesses. E eu acho legal que nós os compartilhamos, mesmo que sejam diferentes!

Como ser uma geek influenciou positivamente a sua vida?

Fiz amigas pra vida inteira, com interesses geeks em comum. Por tanto tempo fomos atazanadas por nossas preferências, mas hoje sinto que a comunidade se uniu para criar um ambiente acolhedor, apoiador e seguro. Sou muito agradecida por esses relacionamentos. Tenho orgulho de ser uma geek!

Que conselho daria para as garotas geek, para a carreira delas ou a vida pessoal?

Nossa ideia principal para Her Universe é "Sonhe seu mundo. Seja seu mundo. Exiba seu mundo". Esse é um conselho que eu tento seguir. "Sonhe seu mundo" significa entender qual é o seu sonho. "Seja seu mundo" significa pegar o seu sonho e realizá-lo, torná-lo real. "Exiba seu mundo" é o lado fashion do conselho que diz que é OK ser geek e se vestir bem enquanto demonstra o seu amor!

ERICA SCHULTZ

Escritora e cocriadora de *M3*
e roteirista de *Marvel's Revenge: The Secret Origin of Emily Thorne*

@EricaSchultz42

O que "garota geek" significa para você?

"Geek" não é um termo que costumo usar, simplesmente porque quase sempre é associado com algo negativo. Chamar alguém de "geek" é acompanhado de uma revirada de olhos ou suspiros pedantes. Sou fã de muitas coisas boas, e talvez isso me faça ser uma geek. De qualquer forma, apenas goste do que você quer gostar e viva o que você quer viver.

Como ser uma geek influenciou positivamente a sua vida?

Eu fui praticamente criada no universo da ficção científica e na cultura das convenções. Amar ficção científica, fantasia e coisas "nerd/geek" faz parte do meu DNA. Acho que isso me ensinou desde cedo que não há problema em ter uma imaginação fértil e sonhar com estrelas distantes. Conheci tantas pessoas incríveis ao longo das minhas três décadas e alguns anos de vida e tive grandes conversas sobre quadrinhos, *Star Wars* (meu favorito), *Star Trek* e todo o tipo de coisas "geek".

Que conselho daria para as garotas geek, para a carreira delas ou a vida pessoal?

Não escutem os raivosos. Sempre haverá alguém, em algum lugar, que tem algo negativo a dizer. Não dê ouvidos a essa pessoa. Seja forte e confie em você e no que gosta. Contanto que não seja uma assassina serial.

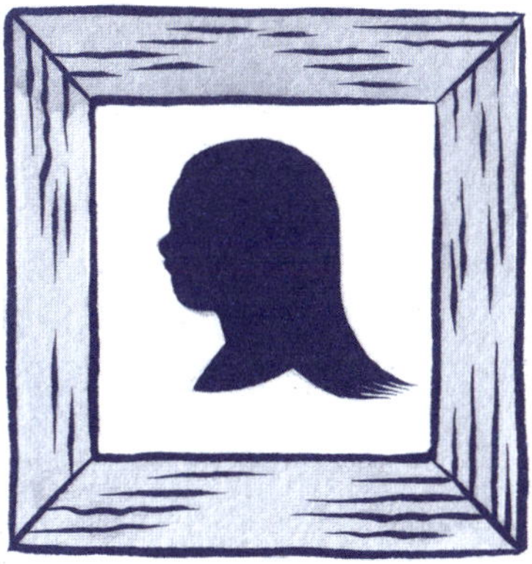

BETH REVIS

Autora best-seller na lista do *New York Times*, responsável pela série de livros *Através do Universo* e uma whovian orgulhosa

@BethRevis

O que "garota geek" significa para você?

É puro entusiasmo desenfreado por algo. Uma garota geek não tem vergonha: ela ama o que ama e não pede desculpas, não se contém, não é mansa. Muitas vezes as meninas recebem ordens para que fiquem quietas, como pequenas damas. A menina nerd não se preocupa em ficar quieta. Ela faz exatamente o que quer, corajosamente, para celebrar as coisas que ama.

Como ser uma geek influenciou positivamente a sua vida?

Quando eu era mais jovem, estava muito preocupada em me enturmar com o pessoal da computação. Nunca fui uma garota popular e circulava pelas periferias dos grupos. Quando entrei na faculdade, estava bem sozinha. Nenhum dos meus amigos foi para a mesma universidade. Lá era tão grande que não tinha uma turma de excluídos. Havia só gente fazendo o que queria fazer. Foi uma experiência muito libertadora. Eu percebi que não importava o que as pessoas pensavam de mim, estava feliz por ser uma geek e trabalhar com outras geeks. Encontrei grandes amigos em minhas paixões compartilhadas e aprendi que a verdadeira felicidade vem de um lugar profundo e honesto dentro de mim, lugar esse que a nerdice me permitiu abraçar.

Que conselho daria para as garotas geek, para a carreira delas ou a vida pessoal?

Não peça permissão para ser quem você gostaria de ser.

Capítulo 3

Jerônimo! Como sobreviver a convenções

Ser uma garota geek na internet é fantástico, mas que tal NVR? Convenções são os melhores lugares para encontrar novos amigos, os criadores e até mesmo suas celebridades favoritas. Há painéis, fantasias e grandes quantidades de coisas legais exclusivas — e você vai querer fazer tudo quanto antes. Então se prepare para que a próxima convenção abale o seu mundo, deixe você louca e mude a sua vida (sério).

Hora da aventura! Convenções são incríveis, e você deveria ir

A internet! É tão radical! Está acima do nível 9000 em excelência para a cultura das garotas geek! Você tem comunidades específicas para cada fandom; pode interagir com celebridades e criadores; pode comprar coisas legais únicas e feitas a mão; pode admirar cosplayers talentosos; e pode até fazer um monte de novas amigas nerds (ou namoradas nerds?) que já sabe que compartilham pelo menos um dos seus interesses muito específicos (como fanfics de faunos). E se houvesse um lugar exatamente como a internet... mas na vida real?

Existe. É chamado *convenção* e é o paraíso da garota geek, onde sonhos se realizam, e é a terra dos brinquedos excluídos, tudo isso em um único lugar. Convenções são ocasiões em que todos do mundo nerd se reúnem: fãs, atores, escritores, artistas, cosplayers, lojas... o que você imaginar. Elas acontecem em centros de convenções ou em hotéis, tradicionalmente em um fim de semana (que, em termos de cons, significa de quinta a domingo). Com opções de entradas para um só dia até pacotes VIP para todo o evento, com preços que variam de acordo. Quer você vá para grandes exposições de interesse geral, como a San Diego Comic Con ou a Comic Con Experience, quer para encontros mais específicos como a Blizzcon ou o Festival Guia dos Quadrinhos, estará cercada por pessoas que jamais pensariam em julgar você pelo seu brinquedo importado de Hatsune Miku ou pelas suas artes impressas, comparando Jared Padalecki com vários alces.

Todas as cons têm alguns elementos-chave em comum. Primeiro, há o **piso principal**. Esse é o grande espaço aberto que fica cheio de coisas deliciosas como estandes e mesas. O lado das "Vendas" ou "Expositores" é onde você encontrará os grandes nomes — Panini, Warner, DC, Marvel, JBC, Ubisoft, Nintendo, Uol Jogos etc. Quanto maior for a con, maiores serão as corporações que participarão, ou maior os bonecos infláveis do Pikachu. Você também encontrará vendedores menores ali — gibiterias locais, vendedores de jogos retrô e aqueles caras com mouses e outros badulaques de animes nos quais os peitos da menina são o descanso de pulso (surpreendentemente confortáveis, para sua informação).

Em seguida, vem uma subseção do piso principal (e meu pedaço favorito de qualquer convenção): **Artist Alley** (ou **Área dos Artistas** em algumas cons brasileiras). Imagine artistas, costureiros, criadores de webcomics e autores de fanarts que você ama convenientemente acomodados em várias alas, vendendo suas coisas legais. Isso é o Artist Alley. Criadores migram para convenções porque sabem que nós queremos encontrá-los (mesmo que você se envergonhe ao falar quão legal é a fanart para maiores de idade do game inspirado em *Fábulas, The Wolf Among Us*).

Como se isso não fosse o bastante, a terceira maior atração das cons é o encontro com celebridades: **painéis, autógrafos e sessões de fotos**. Boas convenções vão trazer um elenco sólido de autores, jogadores, dubladores e desenhistas que você pode encontrar em algumas formas diferentes. Incluído no preço da entrada estão os painéis, que são basicamente grandes sessões em auditórios onde os convidados sobem no palco (sozinhos, com outros membros do projeto ou com um moderador), você se senta na plateia e eles conversam por uma hora ou mais. (Você pode até fazer perguntas! É adorável.) Por uma pequena quantia (OK, às vezes uma grande quantia — *foto em grupo com Matt Smith e Karen Gillan*, estou falando com vocês), também pode se aproximar dos seus ídolos por um autógrafo ou uma foto em lugares menores da convenção.

Fui à minha primeira con quando tinha 18 anos — minha mãe e eu voamos para Vancouver, para uma convenção feita por fãs de *Stargate* chamada Gatecon — e essa con (assim como muitas convenções a que fui mais tarde com minha mãe, porque nerdice é genética) me ensinou umas coisinhas. Primeiro, aprendi que a grande maioria de fãs de ficção científica que vai a convenções é composta de — ah!— garotas! (Parecia que a média em uma convenção de *Stargate* era um cara para cada trinta mulheres, e cons maiores como a Emerald City tinham ainda mais mulheres.) Segundo, percebi que interagir com os membros dos fóruns do GateWorld — desde uma avó neozelandesa de 50 anos até uma super-radical trans francesa — era muito mais excelente na vida real do que on-line. De repente, tínhamos fotos juntas, histórias para compartilhar e nós éramos amigas reais, com rostos e tatuagens geeks e cabelo grande.

Convenções podem ser intimidadoras se você nunca foi a uma (ou mesmo se já foi!). Participar de uma con significa que será cercada por massas de pessoas, sobrecarregada com coisas para ver e fazer, com medo de encontrar celebridades e preocupada com todas as filas. Mas estou aqui para dizer que os prós superam em muito os contras de uma convenção. Vale dez vezes a pena a loucura que o espera nas convenções para todas as memórias encantadoras, compras e os contatos que vai fazer nesses dias.

Então se é uma virgem de convenção, deixe-me ajudá-la a se preparar para sua primeira experiência. E, se esteve em tantas convenções que até perdeu a conta, tenho certeza de que de algumas dicas e truques nas páginas a seguir vão ajudá-la a conseguir tudo nas suas futuras cons (e vamos nos encontrar na próxima, porque devemos ser melhores amigas). Não importa o que aconteça, lembre-se de se divertir. E certifique-se de usar sapatos confortáveis. (É sério.)

Convenções fantásticas e onde habitam

Convenções vão de interesses gerais até superespecíficos, então investigue com seus fandoms favoritos se há uma convenção menor só para você: 221B Con de Atlanta, por exemplo, reúne só fãs de Sherlock Holmes (de cada uma das adaptações, então não vá odiando *Elementary*). Se for uma convenção maior, pode esperar pagar entre 45 e 150 reais pelos ingressos de um dia (o dia mais caro costuma ser o sábado), 100 e 400 reais por passes para todo o evento e acima de 500 reais por pacotes VIP. No Brasil, muitas convenções são gratuitas, especialmente as que têm algum tipo de patrocínio estatal. A seguir, compilamos algumas das maiores e melhores convenções no mundo.

Anime!

Anime-expo — Los Angeles (Estados Unidos), no feriado norte-americano de 4 de julho

www.anime-expo.org

A Anime Expo (AX) é a maior convenção de anime e mangá na América do Norte. Acontece no LA Convention Center sempre no feriado norte-americano de 4 de julho, repleta das mais variadas prendas *kawaii*, painéis exclusivos e os mais incríveis cosplays que você puder imaginar. Além disso, diversos dubladores das versões em inglês das animações fazem dublagens ao vivo. E o time da AX é ótimo em trazer talentos de outros lugares.

FASE BÔNUS: A AX é uma con 24 horas! Os eventos noturnos incluem baladas, jogos de tabuleiro e (claro!) karaokê.

Anime Friends — São Paulo, duas últimas semanas de julho

www.animefriends.com.br

Criado em 2003, a Anime Friends é a maior convenção brasileira de anime e mangá. Dois fins de semana durante as férias escolares nos quais multidões de cosplayers se reúnem para comprar mangás, badulaques japoneses, ouvir palestras de editores de mangás, dubladores e desenhistas. Caravanas de todo o Brasil vêm anualmente para animar ainda mais a festa.

FASE BÔNUS: Além das atrações de animes e mangás, o evento reúne outras minicons, como o Encontro Internacional de RPG, a Comic Fair. Ao fim de cada uma, sim, também sempre rolam shows muito legais.

Games!

Penny Arcade Expo: PAX Prime (Seattle, fim de agosto), **PAX East** (Boston, meio de abril), **PAX South** (San Antonio, fim de janeiro), **PAX Aus** (Melbourne, fim de outubro), **and PAX Dev** (Seattle, fim de agosto).

www.paxsite.com

As pessoas por trás dos webcomics de *Penny Arcade* criaram essas cons de jogos, que explodiram e se transformaram nos eventos mais frequentados do ano. Se você aparecer em uma dessas cinco diferentes cons, pode ter certeza de que jogará todos os grandes jogos antes de serem lançados, assistirá a loucos torneios e encontrará companheiros gamers barra-pesada. A PAX também baniu as modelos de estande (viva!) e acrescentou um "Lounge da Diversidade", um passo encorajador na melhor direção possível.

FASE BÔNUS: Kristin Lindsay, diretora do *Penny Arcade Project*, conta que as partes da PAX favoritas dela são "os espaços tranquilos; áreas de jogo livre, os lounges portáteis e as salas onde as pessoas jogam demos", porque esses lugares são onde ela (e você!) pode aprender novos jogos e fazer novos amigos. É o nível mais pessoal da PAX!

BGS — Brasil Game Show — São Paulo, feriado de 12 de outubro

www.brasilgameshow.com.br

A Brasil Game Show é a maior convenção de videogames da América Latina, com participação de diversas empresas internacionais de games e público de mais de 250 mil visitantes durante o fim de semana do evento. Uma loucura! Reúne gamers do Brasil inteiro e tem atrações como trailers exclusivos, demos, jogos e gente que está tentando bater recordes mundiais.

FASE BÔNUS: Além dos grandes expositores, há também um sem-fim de expositores independentes, os indies. É uma boa oportunidade de conhecer gente que faz games e ver que é possível trabalhar na área.

DICA PROFISSIONAL: Cons como a Electronic Entertainment Expo (E3), Game Dev Con (GDC), e a Consumer Electronics Show (CES) são gigantes, mas você só pode ir se tiver uma credencial de imprensa. Sinto, garotas. Felizmente, a maioria desses eventos é transmitida on-line, então é fácil participar de casa!

Criadores!

IndieCade — Los Angeles, começo de outubro

www.indiecade.com

Esta convenção acontece em Culver City e é um pouco diferente das outras típicas cons de fãs. Durante o fim de semana, você pode participar de seminários educativos, de game jams e desenvolver seu próprio jogo indie. Conhecido como o "Festival de Sundance dos videogames", a IndieCade começou como parte da Electronic Entertainment Expo (E3), mas acabou ganhando vida própria quando ficou superpopular. Agora, desenvolvedores independentes do mundo todo se reúnem para apresentar seu trabalho nesta con.

FASE BÔNUS: Como em um sarau de poesia, o IndieCade GameSlam permite que os desenvolvedores façam apresentações de 90 segundos de seus jogos. Você vai conhecer muitos games legais em pouquíssimo tempo!

Maker Faire — *por toda parte, o tempo todo*

www.makerfaire.com

Criadas pela Maker Media (os responsáveis pela revista *Make*), essas convenções celebram inovação e criatividade, e recebem criadores de todos os tipos de coisas. Tecnologia, artesãos, professores, estudantes, engenheiros, autores, artistas, vendedores — todos são bem-vindos para mostrar suas incríveis invenções. Há Maker Faires por todo o mundo, de Nova York até Trondheim, no Reino Unido, com versões menores de Montreal a Oslo.

FASE BÔNUS: Essas feiras têm literalmente algo para todo mundo, mas painéis favoritos no passado incluem "O maior avião de papel do mundo" e "Moda para robôs e interfaces íntimas". As atrações incluíram ratoeiras gigantes e "A Guerra dos Drones".

Campus Party — São Paulo, começo de fevereiro

www.campus-party.com.br

A maior convenção de tecnologia do Brasil reúne criadores, programadores, estudiosos e uma multidão de gente interessada em trocar experiências, conteúdos e diversão. Há desafios de inovação, *freeplays* e toda uma estrutura para o público geral acampar, com espaço para barracas, restaurante e chuveiros. Um evento com muitas coisas geeks acontecendo que você não vai querer perder.

FASE BÔNUS: Todo mundo pode ter o próprio espaço na Campus Party, basta levar seu computador.

Livros e quadrinhos independentes!

GeekyCon — vários lugares, costumeiramente no fim de julho

www.geekycon.com

A reunião do verão no hemisfério norte para os nerds de livros! Desde a primeira edição, em 2009, o programa da GeekyCon se expandiu para incluir painéis com autores de livros juvenis, shows de rock, sessões de autógrafos, workshops literários e contatos para aspirantes a escritores. Embora esta convenção tenha sido fundada por um site de fãs de Harry Potter, tornou-se um evento frequentado por todos os tipos de leitores. A locação muda anualmente, mas versões anteriores já aconteceram em Orlando, Chicago e Londres.

FASE BÔNUS: Longe de ser um discurso chato, a cerimônia de abertura é um "bem desenvolvido musical geek", com "tantos convidados especiais quanto cabem em um mesmo palco". (!!!) Dentre as celebridades que já participaram, estão Amber Benson (de *Buffy*) e integrantes da sensação da internet Team StarKid.

FIQ — Festival Internacional de Quadrinhos — Belo Horizonte, meio de novembro

www.fiqbh.com.br

A maior convenção dedicada apenas aos quadrinhos no Brasil, o FIQ acontece bienalmente, sempre nos anos ímpares (2013, 2015, 2017...), desde 1999, e geralmente na Serraria Souza Pinto, em Belo Horizonte. É sempre gratuito, uma grande vantagem em relação a outros eventos. Lá é possível interagir com autores brasileiros e estrangeiros que se reúnem por cinco dias para debater, produzir e vender quadrinhos.

FASE BÔNUS: Além das tradicionais oportunidades de conhecer seus autores favoritos, tanto brasileiros quanto estrangeiros, o FIQ oferece exposições e oficinas de altíssima qualidade, que ajudam a criar conhecimento para você mesma produzir a sua HQ.

Tudo geek!

San Diego Comic-Con — San Diego, fim de julho

www.comic-con.org

San Diego Comic Con, ou só SDCC, é a nave-mãe de todas as outras convenções. É gigantesca. Traz as maiores estrelas. Todas as grandes companhias aparecem. Grandes anúncios são feitos. Elencos inteiros em painéis. Ah, e atrai as maiores multidões. Não se assuste com os três dias que terá de passar na fila para ver os maiores painéis no Hall H. A SDCC tem também alguns dos melhores menores painéis e um incrível piso principal. Tantos nomes e marcas que você não encontra em nenhum outro lugar (como BBC América) têm estandes, e as mesas dos artistas é tão rentável que você definitivamente estará comprando alguma grandiosidade.

FASE BÔNUS: A SDCC é tão grande que muitas empresas dão toneladas de brindes. (Se você conseguir pegar algum dos maiores painéis, é provável que consiga passar na "sala do estilo" — que é um lugar cheio de coisas grátis. O nirvana nerd.)

New York Comic Con — Nova York, começo de outubro

www.newyorkcomiccon.com

É a SDCC da Costa Leste! Grande, barulhenta e divertida. Você tem toda a diversão da San Diego Comic Con e estará em Nova York. Bônus! Esta convenção é feita pelo time da ReedPOP (que também organiza a PAX e outros eventos), o que significa que é muito bem planejada e nunca fica tão insana quanto a SDCC, muito embora a quantidade de público seja similar. Os cosplays são incríveis, os painéis muito legais, e a noite você pode ir ver um show na Broadway. Como não amar?

FASE BÔNUS: A New York Super Week rola na semana que antecede a NYCC e continua durante a convenção. Pega tudo o que tem de bom no evento e espalha pela cidade, incluindo eventos de nostalgia, teste de conhecimentos, gravação de podcasts e shows de improvisação nerds

Emerald City Comic Con — Seattle, fim de março

www.emeraldcitycomiccon.com

Esta convenção de três dias em Seattle tem todos os quadrinhos legais, jogos e televisão. Mais importante, porém, é conhecida por ser incrivelmente legal para seus frequentadores. A Emerald City Comic Con é administrada por fãs e defende a política de que "cosplay não é consentimento", para evitar que garotas em cosplay sejam assediadas apenas por estarem de fantasia. Por tudo isso, a ECCC ganhou uma reputação estelarem como a favorita dos criadores graças à fantástica comunidade de fãs.

FASE BÔNUS: Mesmo que você não consiga ir à ECCC, a convenção transmite todos os seus painéis pela flipon.tv. Isso realmente ajuda a aplacar a inveja de não estar lá.

GeekGirlCon — *Seattle, meio de outubro*

www.geekgirlcon.com

Esta espetacular convenção em Seattle é uma celebração das garotas de todas as facetas do mundo geek. Começou na SDCC de 2010 como um painel chamado "Garotas Geek Existem" e a partir dali um grupo de voluntárias se reuniu para formar a primeira GeekGirlCon já no ano seguinte. A convenção é totalmente administrada por fãs, então você pode não só comparecer como se candidatar para ajudar a organizá-la! A GGC tem um grande conjunto de valores que recepcionam todo mundo, encorajando o sentimento de comunidade e tornando o evento superlegal.

FASE BÔNUS: Se você tem uma vertente acadêmica, a GGC apresenta diversas palestras focadas em dissecar criticamente e desconstruir sua mídia nerd favorita. Quer ter uma discussão profunda na representação do gênero nos videogames? Vai rolar por lá.

Comic Con Experience — *São Paulo, começo de dezembro*

www.ccxp.com.br

Uma con brasileira feita nos moldes das norte-americanas, especialmente a SDCC. A Comic Con Experience, ou CCXP, reúne todos os nerds brasileiros, com atrações variadas, e ainda tem o brinde de trazer atores internacionalmente conhecidos para sessões de autógrafos e fotos (em 2014, trouxe nomes como Édgar Vivar, o Seu Barriga, e Jason Momoa, o Khal Drogo). É uma chance única de conhecer um artista que você admira sem precisar sair do Brasil. Fora isso, há diversas atrações como games, filmes, trailers exclusivos, brinquedos e muitos, mas muitos mesmo, quadrinhos.

FASE BÔNUS: A Artist Alley do CCXP é especial, pois traz um sem-fim de artistas brasileiros que apresentam artes impressas, originais e quadrinhos independentes, muitos deles com mais qualidade do que os lançados dentro da grande indústria.

Faça, veja e deixe tudo pronto para sua próxima con — Não precisa de TARDIS

Então, você conseguiu. Ficou animada e comprou ingressos para uma con. Parabéns! Estou tão feliz por você! Mas... e agora? Aqui vai uma linha do tempo de como se preparar para o evento.

Data estelar: muito, muito tempo atrás

A con está a meses, ou mesmo um ano inteiro, de distância. Você sente como se tivesse muito tempo. Não confie nessa sensação, garota — essas coisas tendem a se esgueirar como hobbits. E você não quer esquecer algo vital; afinal, é muito melhor ser o Tony Stark *com* a roupa do Homem de Ferro do que sem, certo?

Se for em grupo

Não espere até um dia antes da con para determinar quem será do time. Se for uma grande expo, é mais provável que precise comprar seu ingresso com muita antecedência (cerca de um ano), então se certifique de que tem um grupo sólido. Ir para uma con em grupo tem muitos benefícios: ajuda a baixar as taxas de hotel e valores de gasolina, e fazer cosplay temático em grupo é, na minha opinião, o jeito mais legal de se vestir para uma convenção. Integrantes do seu con-clave podem guardar lugar para outros painéis, reservar lugares em filas ou pegar brindes de eventos aos quais você não conseguir ir. Além disso, a experiência é sempre mais legal quando se tem alguém para compartilhar o antes, o durante e o depois.

Eu não vou falar, porém, que tudo é legal e fingir que não existe um lado negativo. Viajar com um grupo significa que você sempre vai estar preocupada com alguém, conferindo se todos estão se divertindo, controlando horários, perguntando-o se como vão ficar loucos quando você aparecer com um boneco do Rocket Raccoon exclusivo da con e eles não, e pode precisar fazer concessões no que você quer ver ou fazer. Além disso, encontrar lugares juntos em um painel pode ser difícil. Se tiver três ou mais geeks na sua turma, podem precisar sentar lá no fundo ou separados.

Se for sozinha

Por outro lado, se estiver por contra própria, pode fazer o que quiser. Não precisa discutir, coordenar ou sequer conversar com ninguém durante todo o dia, se não quiser. Painéis tornam-se incrivelmente mais fáceis de ir, pois sempre há lugares vazios entre grupos de pessoas no meio do auditório. E, enquanto estiver esperando na fila ou sentada sozinha, estará cercada de *novos* amigos por todos os lados. (As pessoas ao seu lado no painel "Como desenhar para a Marvel"? Artistas incríveis. O casal à sua frente na sessão de autógrafos do Tom Welling? Loucos por *Smallville* com uma teoria surpreendente que você nunca tinha concebido. Acrescente essas pessoas no seu Tumblr!) Se a con for na sua cidade, pode fazer amigos NVR. Se não, conhecerá novos melhores amigos da internet. Pode parecer assustador, estranho e todas aquelas coisas que tentamos evitar na vida cotidiana, mas a verdade é que literalmente ninguém além de você se importa com tudo isso, e uma vez que chegar lá, vai se divertir demais. Apenas caminhe fingindo que é a Batwoman em suas roupas comuns, que é o que sempre funciona para mim (e isso lhe dará de bônus uma expressão poderosa).

Claro, é importante estar sempre segura quando participa de uma con sozinha, por isso certifique-se de ficar em contato com amigos e familiares durante o dia e mantenha o seu telefone carregado!

Caçando entradas

Planeje sua estratégia bem antes, em especial se estiver indo para algum lugar como a SDCC, NYCC ou CCXP. Descubra por aí se precisa fazer algo antes de os ingressos começarem a ser vendidos, como registrar uma conta na página de vendas. Quando souber a data e o horário que os ingressos ficam disponíveis para compra on-line, esteja pronta. Tenha certeza de que se inscreveu antes de o período de vendas começar, então fique atualizando até que a opção de compra apareça, e não saia da página até conseguir. (Você pode tentar abrir o site em outro dispositivo, para tentar uma segunda chance na fila virtual, ou tenha vários amigos em diferentes computadores.) Comprar ingressos para uma con pode ser estressante, agonizante, confuso e cansativo – mas vá em frente. Uma vez que tenha sido "aceita" na página de pagamento com o cartão de crédito, você vai ficar tão, mas tão feliz.

Procure abrigo

A logística de encontrar um lugar para ficar pode ser complicada e cara. Por exemplo, a San Diego Comic Con faz um sorteio de hotéis para determinar onde você pode ficar. Mas, em outras pequenas cons, você consegue até pegar um quarto no hotel onde está acontecendo o evento. Pode também procurar em sites independentes como AirBnB ou Couchsurfing para encontrar um lugar que seja próximo e (tomara) barato.

Chegando a uma galáxia muito, muito distante

Agende seus voos e hotéis com bastante antecedência. Se for necessário apresentar passaporte, certifique-se de que o seu está atualizado de acordo com as regras da imigração do país. Não custa nada preparar um pequeno itinerário de viagem de modo que tenha todas as suas confirmações na mão quando chegar lá. Se estiver viajando de carro em grupo, pensem em como dividirão os custos com combustível e pedágios bem antes (acredite, isso evita muitas brigas), e enquanto está com a cabeça nisso, verifique o site da convenção para informações sobre estacionamento. Se estiver hospedada em um hotel, algumas cons oferecem serviço de transporte gratuito, embora possam ser *bem difíceis* de pegar no fim de um dia de evento, dado o tamanho da fila de espera.

Para uma alternativa, veja as opções de transporte público local. Você terá uma boa sensação do que é viver na cidade da convenção, e será muito mais barato do que pegar um táxi todos os dias ou pagar estacionamento. Apenas confirme se todas as suas opções estão funcionando na manhã do evento. Certa vez, em uma con em pleno inverno, fiz um cosplay com roupas mínimas inspiradas por *BioShock Infinite*, mas esqueci que o metrô estava fechado e deixei a minha carteira em casa (erro de principiante), então não podia pegar um táxi. A lição aqui é: confira seu transporte público antecipadamente, garota. Não deixe essa história acontecer com você.

Planeje atirar primeiro...

Cons costumam divulgar seu cronograma com semanas de antecedência, então imprima e passe um tempo com ele. O piso principal sempre tem tanta coisa, tanto para comprar, que você pode se perder facilmente nas suas muitas alas. Mas, se ficar presa nessa parte, vai perder o que há de melhor nas convenções: painéis, fotos e autógrafos! Cons geralmente duram quatro dias, então os organizadores têm um monte de conteúdo para espremer em um pequeno espaço de tempo, o que infelizmente significa a provável sobreposição de um monte de coisas que você pode querer fazer.

Primeiro, escolha os painéis e as sessões com celebridade a que você absolutamente deve ir. Não se esqueça: mesmo que nada seja exatamente ao mesmo tempo você precisa levar em consideração uma espera na fila para o evento – de meia a várias horas gastas em pé. Se nenhum estiver em conflito, *você é um mago, Harry,* porque isso é mágico e impossível. Sessões costumam se sobrepor, e se a con for grande, você vai precisar adicionar o tempo que leva para percorrer a distância de uma sala a outra em um piso de convenções lotado. Também precisa descobrir se eles esvaziam o ambiente entre os painéis. Se não fizerem isso, pode ter de pegar um lugar na sala às 16 horas para ver um debate que é só às 20.

... ou em segundo!

Quando tiver planejado tudo, arranje algumas opções de plano B. Apenas porque um painel é menor, ou algo que você não necessariamente ama, não significa que não será incrível. Algumas das suas melhores experiências serão nos eventos menores e inesperados, prometo. Uma vez, participei de um painel de *Continuum* antes de sequer ver um episódio, e essa uma hora de con me convenceu a começar a assistir a série no dia seguinte. (Outra vez, antes de um painel de *Grand Theft Auto V*, acabei vendo um painel promocional de um filme chamado *Maldita Aranha Gigante!* Então... isso realmente aconteceu.)

O mais importante: tente não preencher todo o seu tempo. Você vai querer momentos de liberdade para coisas como comer, ir ao banheiro e fazer compras no piso principal. Se ficar muito apegada aos seus planos vai perder muito do que é uma experiência essencial de convenção. Se estiver vindo de longe, não se esqueça de planejar pelo menos uma coisa do lado de fora da con. Explore a cidade, faça reservas em restaurantes (e não apenas no restaurante do hotel), circule pelo centro. Claro que você estará cansada. Mas estará em uma nova cidade e poderá recuperar todo o sono perdido em casa.

Identifique-se

Nunca é demais salientar isto: *não se esqueça de imprimir as suas entradas em casa*. Você vai trocá-las na con por uma pulseira, crachá ou alguma outra forma de identificação. Se as cabines de entrada abrirem cedo, troque seus bilhetes impressos pelo crachá ou pulseira com antecedência para que não perca horas do primeiro dia na fila.

Se tiver tempo, faça alguns cartões de visita para distribuir no evento. Você encontrará tanta gente com quem vai querer manter contato – sejam artistas, celebridades, amigos da internet, colegas de fila ou novos vizinhos de assentos em painéis –, mas explicar meticulosamente onde todos os hífens vão no seu nome de usuário no Tumblr consome tempo e é chato (e, às vezes, cons ficam tão lotadas que a internet cai). Solução? Cartões de visita! Pense naqueles cartões de negócios, mas para amigos. Indique todas as suas redes sociais – Twitter, Facebook, Tumblr, site de fanfic, qualquer lugar onde você possa ser encontrada – e, se for artista, inclua links para seus trabalhos. Pode até adicionar um QR code se estiver se sentindo a gostosona.

Data estelar: faltam sete dias

Você fez todo o seu planejamento com antecedência e a convenção está chegando. Se for fazer uma jornada para terras distantes e inexploradas, precisa começar aquela coisa horrível e temida que evitamos ao máximo: fazer as malas.

Lance-se

Não importa se estiver indo para longe ou perto de casa, tente não pegar coisas demais. Você vai fazer um monte de compras na convenção, portanto, precisa começar a poupar dinheiro com muita antecedência, embalar apenas as coisas de que realmente precisa e colocar uma grande sacola vazia ou mochila no fundo da mala. Dessa forma, pode preenchê-la com tudo o que pegar na con.

E tente se lembrar de não enlouquecer no piso principal. Sim, aquilo chama a atenção! Bonequinhos de vinil são superfofos, mas essas coisas você pode comprar na sua gibiteria local. Tente focar a Artist Alley ou o material exclusivo da con que não dá para encontrar em nenhum outro lugar.

Vista-se

Eu já disse isso antes, mas, use sapatos confortáveis. É só o que importa em uma convenção. Sei que você quer parecer supergata porque todas nós queremos impressionar os nossos favoritos, mas confie em mim: saltos, sapatos apertados ou qualquer coisa que seja desconfortável não valem a dor. Os lugares que recebem os eventos costumam ter pisos de concreto, e eles matam não só os pés mas todo o seu corpo se não estiver usando calçados razoáveis. Se absolutamente precisa usar sapatilhas, coloque alguma palmilha em gel ou algum suporte acolchoado. Se saltos são a única opção para o seu cosplay, tire-os depois de um tempo. No geral, tente usar tênis. Suas costas vão lhe agradecer no terceiro dia da convenção.

Vista-se com sabedoria. Essa é sua única chance de usar algo totalmente geeky ou obscuro e ouvir elogios por isso, então pode muito bem se jogar na onda. Jeans e uma camiseta nerd são clássicos, porém, você deveria considerar também o seu vestido de Dalek ou as calças das Relíquias Mortais para realmente pontuar o estilo geek. Leve uma blusa ou jaqueta — cons sempre têm um sistema potente de ar-condicionado, e você não quer passar frio o dia todo. Se for verão e tiver uma porção de filas ao ar livre, não se esqueça de protetor solar e óculos de sol. Sem rugas prematuras para essas nerds aqui, obrigado.

E não se esqueça dos itens essenciais para uma con (veja página 119).

Curta

A maioria das cons possui contas oficiais nas principais redes sociais como Facebook e Twitter (pelo menos), e você deve definitivamente seguir suas atualizações durante o evento. (Eu sei que estou falando quão legais as convenções são por não serem só internet, mas não estou mandando você ficar completamente off-line no fim de semana. Isso sequer é possível? Pessoas fazem isso? Como?? Por quê????) Fique de olho para saber sobre filas, localizações de convidados, caças ao tesouro, brindes etc., e também acompanhe quaisquer amigos ou celebridades que esteja animada para encontrar. Autores de quadrinhos, por exemplo, costumam fazer concursos nas redes sociais para distribuir esboços grátis. Por fim, se estiver viajando em bando, use seus poderes de mídia social para triangular a localização da gangue.

Data estelar: é hoje!

Todos os seus planos estão prontos. Suas malas estão feitas. Você está com as entradas em mãos. Já terminou a maratona de *Orphan Black*. É hora da con. Mas, se acha que já está pronta para cair de cabeça só por causa de todo o planejamento, você não sabe *nada*, Jon Snow. Há muito com o que lidar após passar pela entrada.

Socorro, o que é tudo isso?

É isso. Finalmente. A coisa. Você está chegando, é glorioso e... o que diabos são todas essas pessoas esperando para entrar?! Sim, cons são lotadas. Quando chegar pela primeira vez ao lugar, pode se surpreender com o grande volume de pessoas que estão esperando para entrar. Mas tá tudo bem! Você trouxe coisas para se ocupar (veja p. 120), você é boa nisso. Todo mundo vai entrar na convenção, inclusive você. Tente não se estressar. Tire algumas fotos dos cosplayers (ou seja fotografada se estiver fantasiada). Anime-se e confira mais uma vez o seu plano de ataque para quando cruzar os portões. Dessa forma, será a primeira na fila para algo exclusivo ou para pegar um delicioso autógrafo do seu favorito.

O que são palavras??

Se tiver sorte e conseguir um lugar no painel dos seus sonhos, não fique muito tímida para se levantar e fazer uma pergunta; os participantes fazem isso o tempo todo e estão habituados. Uma boa pergunta em um painel é algo que todo mundo no auditório vai entender e apreciar. Faça uma pequena pesquisa para saber se não está repetindo uma pergunta que a estrela já respondeu um milhão de vezes. Perguntas bobas que utilizam referências ("Qual dos seus personagens seria uma ótima chef de cozinha particular?" e coisas do tipo) sempre vão bem e geram boas risadas. Basta fazer algumas respirações profundas antes de se aproximar do microfone e tentar manter a voz firme. Você vai se sair bem.

Fotos, como faz??

A imagem da sua sessão de fotos provavelmente será feita às pressas (e você estará suando de nervosa), então definitivamente prepare o que quer dizer. Não é o momento para fazer um grande discurso sobre como ama o seu ídolo — você acabou de pagar uma grana para tirar uma foto, ele sabe. Entre, dê um oi, "prazer em conhecer" e peça rapidinho a pose que você estava esperando. Mas pense na pose ou ação antes; você terá talvez uns dez segundos com a celebridade. Procure outras fotos com aquele ator ou celebridade em particular on-line;

algumas pessoas (como o elenco de *Being Human* ou John Barrowman) são conhecidas por toparem tudo, enquanto outras estrelas (como o adorável Stan Lee) são um pouco mais reservadas. Para o bem ou para o mal, quão mais hilariante for a foto, mais fácil de ela viralizar.

Também tenha certeza de que sua roupa está caprichada. Por exemplo, se não quer ser imortalizada como um Ent na sua foto com Billy Boyd, deve considerar fazer um cosplay de Barbárvore outro dia.

Então é no nome de quem?

Sessões de autógrafos são muito mais amigáveis que as de foto. Dependendo de quanta gente estiver na fila, seu momento de autógrafo pode durar de uns trinta segundos a até uns cinco minutos. É quando você tem a oportunidade de apertar a mão da pessoa e dizer quanto admira o trabalho dela, ou então compartilhar uma história sobre como uma das coisas que ela fez mudou a sua vida, ou ainda mostrar aquela tatuagem épica da cara dela, se é disso que você gosta.

Aqui vai um segredo estranho: se a estrela é particularmente conhecida por um trabalho no mundo nerd, tente elogiá-la por algo obscuro. Exemplo: claro que você amou Tom Felton como Draco Malfoy, mas se elogiá-lo pela performance em *Belle*, garanto-lhe que você verá o rosto dele se iluminar e deve conseguir um pouquinho mais de prosa. Talvez até consiga estender seu tempo na mesa de autógrafos.

Última coisa: não esqueça que muitas estrelas têm regras a respeito de fotografias durante a sessão de autógrafos. Se for estritamente proibido, não tente tirar uma foto escondida ou pedir uma quando estiver conversando. Fique sussa e siga as regras.

Data estelar: após a missão

Então, foi o melhor fim de semana de todos, certo? Está feliz de ter ido? Encontrou itens colecionáveis, conheceu vários novos amigos, tirou foto com suas minas do fandom, ouviu elogios ao seu cosplay e ficou animada por uns quatro dias seguidos. Mas baratos como esses são sempre seguidos de desânimo, e a depressão pós-convenção é coisa séria. É difícil voltar para a realidade da vida diária depois que você basicamente passou a maior parte da semana anterior no nirvana nerd. Há, porém, algumas coisas que pode fazer para atenuar as dores pós-convenção.

28 dias depois

Logo depois do fim de semana, você deve ser acometida pela chamada "gripe con". Tosse, exaustão, dor de garganta e o que mais vier — essa doença cobre todas as possibilidades. Embora não haja cura, dormir o máximo possível no pós-con é o segredo — se puder, tire a segunda-feira de folga na escola ou no trabalho. Então beba bastante suco de laranja (pela vitamina C), faça refeições saudáveis e tire umas noites introspectivas no sofá. Esse é um grande momento para uma maratona de série.

Primeiro (e segundo) contato

O pós-con pode também afetar emocionalmente a pessoa. Se estiver se sentindo solitária, arrume os cartões e as cartas que coletou no evento, adicione seus novos amigos nas redes sociais e comece a relembrar. Poste e coloque tags em todas as suas fotos, de forma que você (e todo mundo que conhece) possa imediatamente reviver quão incrível foi tudo. Experimente as roupas que comprou, enquadre a arte que adquiriu e (talvez) tire seus brinquedos da caixa. Agora é o momento perfeito para retomar o contato com os amigos que fez nas filas daquele painel!

Me dá um dinheiro aí

Cons são como um buraco negro para a sua carteira. Com tantos colecionáveis, Artist Alley e aquela fotografia que você tinha de ter com o Matt Smith, lá se foi todo o dinheiro. Se estourou o orçamento, não surte, vai se programar melhor da próxima vez. Além do mais, estudos já mostraram que gastar dinheiro com experiências faz você ficar muito mais feliz do que comprando coisas por aí (embora aquelas pelúcias da Sailor Moon não fizessem mal).

Drama do traje

Você gastou muitas horas (e provavelmente um monte de dinheiro) fazendo a fantasia de Aayla Secura dos seus sonhos, pavoneou-se pelo piso principal e agora temos lindas memórias (e fotos bem sexies) para provar. Mas não é exatamente o tipo de roupa que você vai usar na rua. Passar um tempo com seus companheiros de cosplay sempre é uma opção — coisas como botas e calças de couro podem ser recicladas para a próxima criação. Então, se tiver espaço no armário, siga em frente e arrume um canto dedicado para guardar suas roupas de cons. Certifique-se de ter os cabides adequados, sacolas de vestuário e caixas para perucas para manter tudo bem conservado; guarde maquiagem extra em algum lugar seco e frio. Se preferir tentar reaver parte dos investimentos, pode tentar vender a fantasia on-line (veja mais na p. 183, em "Recursos").

Enxágue e repita

A melhor e definitiva forma de acabar com a depressão pós-con? Começar a planejar a próxima. Claro.

[MENU PRINCIPAL] [SALVAR] [CARREGAR] [MAPA] [DIÁRIO] [INVENTÁRIO X:]

Mochila: Leve uma bolsa confiável, fácil de carregar e que não vá destruir suas costas; uma mochilinha fofa ou uma bolsa grande de alça cruzada funcionam perfeitamente. Se estiver fazendo cosplay, ande com amigos que estejam dispostos a carregar suas coisas, costure bolsos na fantasia ou crie uma roupa que tenha uma bolsa como parte da caracterização (como a da Ramona Flowers!).

Água: Hidrate-se! Você estará em movimento durante todo o dia e ficará sedenta. Comprar água em uma con é exageradamente caro, então leve a sua. Além disso, água é muito melhor do que Gatorade, café ou refrigerante, que não hidratam apropriadamente.

Dinheiro: A maioria dos vendedores e artistas não aceitam cartões de débito ou crédito dentro de uma con, então as compras tendem a ser só em dinheiro. Claro que muitas convenções possuem caixas eletrônicos, mas as filas para usá-los geralmente são tão longas que vão até Nárnia. Passe no banco antes de ir para o evento.

Carregadores: Quaisquer dispositivos eletrônicos vão se consumir rapidamente. Corredores vazios, salas de descanso ou banheiros são geralmente lugares bons para tomadas, e se você tiver espaço na mochila, salve a todos levando com você uma extensão e distribua energia para todo mundo recarregar seus equipamentos ao mesmo tempo. Também vale a pena investir em um carregador com bateria para quando não conseguir encontrar uma tomada.

Câmera: Eu me viro com a câmera do celular, mas, se você tiver uma boa digital, pode usá-la para conseguir sólidos closes de tudo o que tem de bom. Saiba que algumas convenções têm restrições sobre formatos de câmeras com lentes removíveis e equipamento profissional de vídeo, então confira as regras antecipadamente.

Chiclete e bala de hortelã: Não esteja com mau hálito ao encontrar Nathan Fillion.

Canetas: Faça de cada encontro casual uma oportunidade de autógrafos.

Hidratante labial: Além de frias, cons sempre são secas.

Álcool em gel: Há tipo um milhão de pessoas com germes nas cons, você não vai querer ficar doente.

Relógio: A bateria do seu celular vai se consumir se ficar checando as horas a cada quatro segundos. Seja retrô e use um relógio de pulso.

Tubo vazio: Suas novas artes, pôsteres e fotos são muito valiosos. Pegue um velho tubo e enrole seus papéis para mantê-los seguros.

Sacos plásticos para quadrinhos: Se for uma colecionadora de HQs, vai precisar de alguns para colocar suas compras.

Cartões de visita: Para manter contato com todos os que conhecer na con. Entregue-os prodigiosamente!

Passatempo: Você precisa de algo para passar o tempo até que o painel comece e vai querer economizar a bateria do telefone. Livros não muito pesados e e-readers sempre estão na lista do sim, bem como um videogame portátil (DS, Vita, qualquer um). Se estiver se sentindo simpática, leve um baralho para jogar com as pessoas ao seu redor.

Remédio para dor de cabeça: Como eu disse, longo dia, muita gente. Melhor prevenir.

Comida: A comida de centros de convenções nunca é saudável e é sempre cara. Para maximizar a sua energia, empanturre-se com um café da manhã reforçado, pegue alguma coisa na con para o almoço e garanta um bom jantar. Você vai ter muita fome durante o dia, com toda a corrida e as filas, então leve lanches como barras de cereal e frutas.

Paciência: Em excesso.

Equipamento para pernoitar:

Se estiver em uma con gigante como a SDCC e estiver disposta a ir ao maior painel do ano, você pode se ver na mais épica das filas épicas: a noturna. (Na SDCC 2012, fãs devotadas ficaram três dias na fila para pegar o painel do décimo aniversário de *Firefly*! Claro que o Joss Whedon em pessoa acabou andando pela fila e tirando fotos com todo mundo, mas ainda assim.) Esse tipo de coisa precisa de preparação especial, nível hard. Se esse for seu caso, pode precisar adicionar os seguintes itens ao inventário:

Comida e água extra: Óbvio.

Travesseiro: Necessidade. E fronhas com bichinhos são ótimas, não deixe ninguém dizer o contrário.

Máscara para dormir e protetor de ouvido: Para quando você precisar de um pouco de calma e tranquilidade.

Casaco: Pode ficar frio!

Escova de dentes e pente: Fique humana.

Nécessaire de maquiagem: Nenhum delineador consegue sobreviver a muitas noites, não importa o que dizem os comerciais.

Equipamento de emergência para cosplay:

Se puder solicitar que um amigo não cosplayer carregue uma mochila com itens essenciais para você, aqui estão as coisas que precisa ter para o caso de problemas com o guarda-roupa.

- Sapatos sem salto, para quando seus pobres pés já não aguentarem mais
- Remédios para dor e palmilhas de gel, pela mesma razão acima
- Alfinetes de segurança
- Cola para tecido

- Tampão de peruca, grampo para cabelo e spray
- Base transparente para unhas, para consertar rasgos em nylon
- Cola para cílios postiços e cílios postiços extras
- Solução para lentes de contato e estojo
- Fita dupla face para tecido
- Base em pó/lenços antibrilho
- Batom extra/maquiagem para os olhos/pintura para o corpo/etc., para retocar
- Removedor de manchas
- Spray antiestática

AimeuDeussim. Mas e o não? Coisas que você deveria fazer (e não fazer) nas Cons

Afirmativo:

Tenha sua câmera ou celular à mão: Você nunca sabe quando verá uma celebridade circulando ou quando dará de cara com seu PP espontaneamente se beijando durante um painel. Não perca a chance de registrar esses momentos!

Solicite cartões de visitas e contatos: Se comprar algo radical na Artist Alley, pegue o cartão do vendedor e coloque o trabalho dele nas redes sociais. Você quer lhes dar amor pelas grandes coisas que fazem, certo? O mesmo vale para os amigos que conheceu nas filas ou em painéis. Solidifique suas novas amizades enviando-lhes um tweet ou uma pergunta no Tumblr após a con.

Fique ligado nas redes sociais: Se algo incrível acontecer na convenção, compartilhe nas suas contas para o que o mundo veja. Pessoas que não puderam estar lá (suas amigas geeks, seus colegas da internet, eu) precisam viver através de alguém, que pode perfeitamente ser você!

Sente cada vez mais perto: A maioria das convenções não esvaziam as salas entre os painéis. Se estiver sentada muito no fundo no primeiro painel do dia, lentamente vá conquistando lugares mais à frente conforme a sala esvazia um pouco entre os painéis. Quando chegar ao painel que realmente quer ver, poderá estar sentada bem lá na frente!

Seja responsável ao guardar lugares: Se for à convenção com uma turma bem grande, não fique sozinha na fila para guardar uma fileira inteira para a galera. Não só é mal-educado como também bastante difícil. As pessoas vão lutar por esses lugares. Limite-se a pegar no máximo dois assentos; se precisar de mais, traga outro amigo para reservar outros dois.

Estabeleça um orçamento: Acredite em mim quando digo que você vai querer comprar tudo o que tem lá e sua carteira não estará pronta. Passe no banco e tire apenas a quantidade de dinheiro que estiver disposta a gastar e, quando esse montante acabar, acabou. Lembre-se de racionar com sabedoria!

Compre depressa: Coisas exclusivas e artes originais particularmente fantásticas vendem depressa, então, se tiver algo a que tenha se apegado, é melhor garantir. O mesmo vale para desenhos personalizados: se quer que um artista desenhe algo exclusivo, chegue nele logo cedo no primeiro dia de evento. O cronograma de desenho vai encher rapidamente, então você quer estar no começo da fila. E se certifique de ter uma ideia de desenho na cabeça antes de pedir. Se viu algo que não tem certeza se quer, deixe para o último dia e tente pegar com desconto.

Faça cosplay no dia certo: Se você for fazer cosplay em um ou dois dias da convenção (e um tempo com roupas de pessoas normais pode ser uma coisa boa), certifique-se de fazê-lo nos dias mais movimentados. Qual é o objetivo de colocar tanto esforço em uma roupa se ninguém vai vê-la? Ao usar seu traje quando a con está lotada, um milhão de pessoas vão querer tirar uma foto sua, de forma que suas chances de se tornar uma famosa cosplayer da internet aumentam. *O sonho.*

Aventure-se no desconhecido: A atração dos grandes estandes no centro do piso principal é inevitável (Nintendo! Marvel! Disney! Tanta coisa boa!), mas provavelmente estarão amontoados, e você já deve saber o que eles estão oferecendo. Para descobertas surpreendentemente excelentes, saia do piso principal; as mesas e os estandes na beirada do salão, escondidos nos cantos ou nos corredores, têm um monte de coisa boa também. Você pode encontrar excelentes editoras geek com livros nerds (*aham*), clubes aos quais pode se afiliar, como o Conselho Jedi ou o Firefly Browncoats, ou então encontrar autores de quadrinhos independentes que vai amar.

Controle suas expectativas: Eu sei que já disse isso, mas tente ir ao evento para nadar com a maré e apreciar os momentos conforme eles acontecem. Dessa forma, quando as coisas incríveis rolarem, você vai curtir muito. E, se perder algo, não ficará tão desapontada.

Seja legal e divirta-se: Durante todo o fim de semana. Ficar de pé em filas por um tempão, multidões avassaladoras, pés doloridos, fome... tudo isso pode deixá-la mal-humorada e uma companhia pouco agradável. Mas estamos todos juntos, então tente ficar de bem, especialmente com o pessoal que está trabalhando. Eles estão ali para ajudar, e um sorriso compreensivo é muito bem-vindo. Embora isso seja fácil de esquecer em meio a todo aquele caos, você está na con para se divertir. Para se divertir *muito*. Então, quando se pegar surtando, dê uma boa respirada e lembre-se de que é tudo *diversão*.

Negativo:

Não espere dormir muito durante a con: Isso é ruim, e, no último dia, você estará insanamente exausta, mas esse é o preço de reunir toda a diversão em um único e fantástico fim de semana. Você acorda cedo para entrar na fila e fica fora até tarde para frequentar todas as festas. Cinco ou seis horas de sono por noite podem ser tudo que você terá, por isso, certifique-se de aproveitá-las bem.

Não incomode ninguém, nunca: Parece óbvio, claro, mas glomps, ataques de abraços ou mesmo tirar fotos de cosplayers sem permissão contam como incômodo. Além do mais, se um cosplayer estiver sentado ou comendo, então essa não é a melhor hora para pedir uma foto. Apena seja respeitosa, com todo mundo, sempre.

Não espere até o último dia para comprar algo pelo que tenha se apaixonado: Sim, muitos vendedores e artistas dão descontos na tarde final, mas, se você está procurando uma coisa em particular, corre o risco de que ela seja vendida antes. Use o dia de desconto para pegar coisas que pode não ter considerado pelo preço integral e ser agradavelmente surpreendida com os achados. (Exemplo: as pequenas alpacas empalhadas chamadas arpakasso eu escolhi aleatoriamente na perna final de uma con, e foram a melhor compra que eu já fiz.)

Não fure fila: As pessoas vão ficar *muito nervosas*. Você não está preparada para esse nível de raiva.

Não peça um abraço para uma celebridade durante um painel: Todo mundo em cons odeia as pessoas que pegam o microfone e pedem um abraço.

Não traga presentes para os convidados: Eles costumam não aceitar. (*Você* aceitaria um biscoito de um estranho?) Uma palavra amistosa ou um agradecimento já bastam.

Não tenha medo de perguntar: Se estiver na fila para pegar um autógrafo e não existem regras à vista sobre tirar fotografias, nunca é demais perguntar para um organizador se pode tirar uma foto rápida. Se vir uma celebridade circulando e você for supereducada, pode pedir um autógrafo. Se não sabe como encontrar um local ou um painel, pergunte a alguém da organização. Aproximar-se de novas pessoas é assustador, mas vale muito a pena.

A primeira regra do cosplay: Como mandar bem em uma fantasia

Cosplay! Sei o que você está pensando. É aquela coisa de fazer fantasias profissionais, usar nas cons e ficar superfamosa na TV, certo? Errado. Digo-lhes que não, garotas geek!

Cosplay é uma versão curta para "costume play", que significa "representação de um personagem" em inglês, e é algo que qualquer um pode fazer. (Sim, garota, até mesmo você!) Tudo de que precisa é encontrar uma personagem que queira ser e então fazer acontecer, nenhuma expertise é requerida (embora você possa se jogar o máximo possível, se assim quiser). Criar um traje por si só é incrivelmente recompensador, se for pegando itens de brechós, costurando peças a partir de esboços, ou, se for barra-pesada, poderá criá-los com moldes e armaduras. Se essa não for sua praia, porém, você pode encomendar um traje de um cosplayer experiente ou encontrar algo on-line e modificar para preencher as suas necessidades. Quando se trata de convenções, participar fantasiada é fantástico porque você pode ser mesmo aquela personagem durante todo o dia (se atuação for o seu lance) ou então apenas tirar fotos com as pessoas que amaram você e sua roupa. Se conseguir planejar o cosplay com antecedência e arrumar uma versão em grupo — todos os seus amigos como a Sailor Senshi, que tal? —, garanto que sua experiência será ainda mais legal.

Se nunca tentou fazer cosplay, pode se sentir envergonhada, nervosa, mesmo assustada. Isso é compreensível! Cada coisa nova que vale a pena fazer é um pouco assustadora no começo. Aqui vai uma dica: o traje não precisa ser perfeito (o de ninguém é, nem dos cosplayers profissionais). Você não precisa ser exatamente como o personagem original. E não precisa conversar com ninguém se não quiser, nunca. Cosplay é apenas a respeito de *você* se tornar uma personagem que ama por um dia, experimentar uma personalidade diferente e mostrar seu trabalho suado para o mundo. Tente isso e ficará feliz de enfrentar os medos, porque fazer cosplay em uma convenção é a *coisa mais legal de todas*.

Antes de se aventurar no meio de galeras de cosplayers, você pode querer dar uma lida rápida nos itens abaixo, os chamados "Artigos da Federação do Cosplay" (ou, se preferir, a Primeira Lei do Cosplay).

1. Considere o contexto de sua con.

Pense a respeito do evento. Se for uma con de anime, provavelmente é melhor se apegar a uma personagem de uma animação. Videogame? Vá como uma personagem de jogos. Em cons grandes como a SDCC ou CCXP, pode seguir a regra "se servir, serviu" e fazer cosplay de qualquer coisa que quiser.

2. Faça cosplay de uma personagem que você ama.

Qualquer um pode fazer cosplay de qualquer coisa. Sempre! Não há regras a respeito de questões étnicas, gênero, tamanho, coisa nenhuma. Seja uma Sailor Scout étnica, coloque um vestido de Doctor Who e traga um cara vestido de Amy Pond, faça um corselete e pegue uma arma de raios e vá como uma Lady Han Solo Steampunk — e não deixe ninguém criticar você por isso. Não há nenhuma razão em gastar seu tempo e energia em uma fantasia que não anime você, ou montar um traje especial apenas por querer fazer cosplay.

Para o meu primeiro cosplay, segui o melhor estilo Spock: eu tinha uma peruca roxa, então pesquisei na internet "personagens de cabelo roxo", mas nenhum era realmente dos meus fandoms, e eu também não estava animada quanto às roupas. Por fim, acabei abandonando a ideia do cabelo roxo para fazer meu próprio vestido de TARDIS, o que foi muito melhor. Gosto de expressar meus sentimentos quensianos para todo mundo do jeito mais público possível. Investir no traje é uma desculpa para compartilhar suas nerdices com todo o mundo.

3. Pesquise.

Encontre fotos detalhadas da personagem e realmente examine-as com olhar crítico. A roupa é algo que você vai ser capaz de fazer com o seu nível de habilidade de criação de fantasias? Terá de gastar muito tempo aprendendo a costurar? Tem esse tempo disponível?

Se a roupa parece muito difícil de ser recriada, você tem poucas opções. Considere usar uma roupa alternativa, e mais incomum, do personagem; por exemplo, se gosta mesmo da FemShep de *Mass Effect*, mas não pode construir uma armadura completa, opte pelas agradáveis roupas N7 de civil dela. Ou use alguns acessórios-chave que sugiram a ideia geral da personagem (óculos, luvas, uma camiseta vermelha e preta da Arlequina). Você pode também encomendar sua roupa customizada a um artista talentoso, mas certifique-se de que tenha experiência com estilos similares e tempo para terminar seu cosplay antes da convenção. Além disso, embora haja muitas barganhas on-line, tome cuidado com os descontos de vendedores de outros lugares do mundo; se algo parece bom demais para ser verdade, provavelmente não é. Artistas com boa reputação farão seu dinheiro valer a pena, então leia resenhas e contrate um de qualidade.

4. Comece logo.

Faça uma lista de itens de que você precisa para terminar o cosplay e onde pode encontrá-los; lojas de artesanato, de costura, papelarias ou armarinhos são sempre um bom começo, mas não deixe de fuçar em brechós e bazares de caridade atrás de coisas básicas bem baratas. Se souber costurar, não precisa nem fazer o design das roupas; saias e vestidos básicos dão ótimas bases customizáveis. E, já que é improvável que sua bolsa combine com seu cosplay, certifique-se de que sua roupa tenha bolsos ou compartimentos nos quais possa estocar artigos essenciais.

5. Mantenha-se segura.

A maioria das cons proíbe quaisquer tipos de metal afiado ou armas de verdade. Certifique-se de que sua espada ou arco e flechas são feitos de espuma inofensiva, e aquela proteção vermelha esteja visível na sua arma de raios. Sites como eBay ou Mercado Livre são grandes fontes de acessórios, assim como lojas de fantasia (ou mesmo de brinquedos). Se o traje requer colorir qualquer parte do corpo — pintura corporal, lentes de contato coloridas, cola de cílios postiços etc.—, teste os produtos com antecedência para saber se provocam reação alérgica.

6. Pense à frente.

Como será sua ida e volta da convenção de fantasia? Precisará levar partes para colocar na hora? Se vai passar muito tempo do lado de dentro, tenha certeza de que sua roupa é confortável durante o dia todo embaixo do ar-condicionado. Se for ficar mais do lado de fora, sob a luz do sol, tente optar por algo mais leve, com maquiagem à prova d'água. E, uma última coisa, que ninguém nunca comenta, mas é sério: *pense em como vai fazer xixi usando a fantasia*. Você ficará totalmente arrasada se não puder fazer o que tem de fazer sem ter de tirar seu cosplay todo. Então, faça sua roupa com peças destacáveis, sempre que possível.

7. Saiba qual é o seu tempo-limite na fantasia.

É uma fantasia, é grande, pesada ou volumosa, mas nada disso é problema se você fizer cosplay apenas por metade do dia. Volte ao hotel para trocar de roupa e almoçar; ou, se sua con tiver uma chapelaria, guarde as roupas de civil lá. Sua segurança, sua saúde e sua felicidade sempre vêm em primeiro lugar. (A não ser que o destino do mundo ou da galáxia estiver na balança, nesse caso podemos discutir.)

8. Socialize!

Na con, totalmente arrumada, você deve esperar ter o dia mais louco da sua vida. Dependendo do tamanho da convenção, vai receber pedidos para tirar fotos a cada dez minutos ou a cada dez segundos. De qualquer forma, definitivamente planeje seu dia todo em torno do cosplay. Todo mundo vai querer admirar e posar com você, então vai ser difícil chegar a qualquer lugar sem ter de parar a cada cinco passos (o que é lisonjeiro e divertido noventa por cento do tempo, mas terrível quando tudo o que você quer fazer é ir ao banheiro ou voltar para o hotel). Se estiver preocupada em como sai em fotos, monte-se e pratique na privacidade do lar. Lembre-se da pose que deu certo a cada vez que alguém pedir uma foto.

9. Nunca se sinta mal por dizer não.

Você é a senhora do seu domínio e pode recusar qualquer pedido de foto. Se alguém está incomodando, ou se você apenas não está com vontade de fazer uma pose, pode dizer "agora não, obrigada" sem precisar dar uma razão ou se desculpar. Se estiver sentindo um ar meio suspeito, pergunte para quem estiver tirando a foto ou filmando onde sua imagem será veiculada. Se for para "uso pessoal" ou se você não gosta do lugar onde a pessoa pretende divulgar as fotos, não precisa consentir. O mesmo vale para toques: se se sentir à vontade com gente colocando os braços ao seu redor, legal; mas, se prefere manter os fãs a pelo menos um braço de distância e que a cumprimentem com um aperto de mão, legal também. Se costuma ser tímida, treine as suas poses e as recusas educadas em casa, na frente do espelho. Pense nelas como linhas de ação — você está na personagem, afinal. Seja durona também internamente e tudo vai ficar bem.

10. Defenda-se.

Aqui vai a coisa mais importante de todas: cosplay não é consentimento. Só porque você está usando uma fantasia não quer dizer que todo mundo tem direito sobre a sua imagem, de tocá-la ou dizer coisas inapropriadas. Se foi incomodada por alguém enquanto estava vestida nos seus trajes (ou com outros trajes também, claro), reporte imediatamente. Anote o que aconteceu, avise os seguranças ou a organização e conte para todo mundo que você conhece na comunidade do cosplay a respeito do ser bizarro. Qualquer con de respeito tem uma política para situações como essa. Se não tiver, não vá.

11. Aproveite cada incrível minuto.

Fazer cosplay é a maior diversão que se pode ter em uma convenção. Muita gente vai elogiar seu trabalho, vai querer saber sobre a personagem e pode até seguir suas aventuras como cosplayer no futuro. Aprecie ao máximo e realmente entre na pele de outra pessoa por um tempo (da forma menos doente possível). Essa é uma oportunidade rara de se tornar mesmo seu favorito, então, divirta-se! E sinta-se à vontade para se livrar de qualquer pessoa que tentar impedir isso.

Juntar seu grupo e seguir adiante? Encontrando amigos, celebridades e ficantes na vida real

Seguinte: eu sou *muito* mais legal na internet. Quando ninguém precisa ver a minha cara, posso escrever e reescrever sentenças quantas vezes quiser, posso pontuar os meus argumentos relevantes com GIFs de gatos, ou seja, sou brilhantemente loquaz.

Mas as coisas não são tão simples quando você tem de interagir com pessoas sem a internet. Como você deve agir em uma con, quando se vê subitamente diante da possibilidade de encontrar amigos da internet, novos amigos, celebridades e até potenciais ficantes pela primeira vez?

Perguntar coisas para as pessoas (especialmente a respeito delas mesmas) é um jeito incrível e garantido de começar uma conversa (fique à vontade para me dar o crédito quando toda a sua vida social mudar). Seus amigos vão amá-la instantaneamente porque está interessada neles de verdade, e você vai sair dali se sentindo a Garota Mais Interessante do Mundo — e você é mesmo! Afinal, o jeito de ser mais interessante é estar interessada. Para não ficar só nisso, aqui vão mais algumas dicas para você conhecer melhor seus colegas de con.

Amigos da internet!

Não há lugar melhor para encontrar NVR seus amigos da internet do que em uma con, especialmente se tem uma rede mundial de melhores amigos on-line. Nós, garotas geek, viajamos de longe para ir a convenções, então é legal saber que estará no mesmo lugar que outras. E mais: a con fornece um ambiente seguro e povoado para conhecer estranhos. Bônus!

Se conseguir ingressos para uma con, avise nas redes sociais que você estará lá. Quando souber quais amigos da net também irão ao evento, troquem fotografias por mensagens para poderem se reconhecer (provavelmente sua amiga não se parece com as fotos da Natalie Dormer que usa como imagem de perfil). Se lhe derem o número de telefone para que possam se encontrar no meio da multidão, legal; mas não se sinta obrigada a mandar o seu número de volta se não se sentir confortável. Sugira uma localização bem movimentada para um encontro (por questões de segurança), mas também tranquilo o bastante para que vocês possam identificar uns aos outros. Se estiver supernervosa, traga um amigo para o encontro. Também é bom planejar algumas coisas para dizer — todas nós ficamos sem fala nessas horas! Talvez eles não sejam exatamente como imaginou, o que é totalmente ok (você também pode não coincidir com a sua imagem on-line). Mas agora você pode conhecer a versão "pessoa real" deles.

Novos amigos!

Convenções são uma grande oportunidade de expandir seu círculo social geek. Ainda que a con seja em outra cidade, você poderá manter essas amizades on-line por anos. E é superfácil fazer novos amigos na con, mesmo se estiver nervosa ou tiver problemas de socialização — *todo mundo à sua volta também é assim* (lembra?). Não importa onde esteja, você terá pelo menos um interesse em comum com a pessoa ao seu lado: o painel, o artista ou a celebridade que estejam esperando para ver.

Comece a conversa com questões simples a respeito do par favorito da pessoa, do primeiro episódio que viu ou o que estão esperando no reboot. Então dê suas opiniões (lembrando-se de que, se o PP da pessoa for o seu NPP, você deve discordar *respeitosamente*). Se não der muito certo, não se preocupe: é uma con grande, haverá mais gente com quem falar, e essa pessoa provavelmente logo ficará distraída com outras coisas. Mas, se conseguir e se encontrá-la de novo no piso principal, já tem algo para conversar! Tchanrã!

Possíveis romances futuros!

Eventos de *speed dating* (encontros-relâmpago) geek recentemente se tornaram uma febre em convenções. Não importa se estiver atrás de garotos ou garotas, a sorte está a seu favor: sempre há pouco suprimento de garotas, então você tende a ser sempre bem-vinda. Muitas vezes esses eventos são organizados por categoria — quadrinhos, ficção científica, anime —, assim você vai ter algo em comum com todos no grupo. Não há nenhuma pressão para se aproximar de ninguém, você pode apenas ficar sentada e avaliar seus potenciais parceiros ou parceiras. Afugente pensamento como "O que estou fazendo aqui? Oh, Deus, eu devia ir embora, isso é tão estranho" lembrando a você mesma de que todo mundo naquela sala teria muita sorte em sair com você. Porque é verdade. Seja bondosa, faça um monte de perguntas (sempre) e seja a super-heroína da sala. A grande questão é: se gostar de alguém, pode escrever seu nome; se odiar todo mundo, nunca precisará ver nenhum deles novamente. É o cenário perfeito para paquerar.

Amigos famosos!

A coisa mais aterrorizante sobre um fim de semana de con é também a mais emocionante: aquele momento quando *finalmente*, finalmente, vai conhecer a celebridade que é o amor da sua vida. Há algumas formas de prevenir um colapso total na frente do seu favorito. Primeiro, lembre-se de que eles são só pessoas. É fácil colocá-los em um pedestal porque têm um impacto grande na sua vida, mas são gente como a gente e não gostam de ser encarados como animais de zoológico.

Segundo, tenha em mente que você talvez tenha dez segundos para uma foto e cerca de uns trinta segundos (talvez um pouco mais) para um autógrafo, então nunca é demais planejar o que quer dizer. Se for possível, tente segurar as lágrimas e a tremedeira (inevitáveis) durante a interação. Engane seu cérebro para parecer que você só está conversando com um amigo, e as coisas fluirão muito melhor. Por último, se fizer algo estúpido, lembre-se: um fã é muito valioso, porém não deixa de ser apenas um rosto em meio a um mar de pessoas. É mais provável que eles se lembrem do seu belo sorriso ou do elogio que ofereceu, em vez de quão suadas suas mãos estavam. Prejuízo controlado.

Entrevistas com

Laura Vandervoort, Kate Beaton, Stephanie Leonidas e Lorraine Cink

LAURA VANDERVOORT

Atriz durona e superfã de ficção científica; estrela de *V*, *Smallville*, e Syfy's *Bitten*

@vandiekins22

O que "garota geek" significa para você?

Para meninas, significa que são garotas fortes, imaginativas e divertidas. Uma garota geek sabe exatamente do que ela gosta e o que quer, e que pode usar a imaginação para desaparecer dentro de um mundo de possibilidades infinitas.

Como ser uma geek influenciou positivamente a sua vida?

Do lado de fora da indústria e da incrível e maravilhosa base de fãs, ser uma geek abriu um novo mundo para mim. Um mundo de personagens incríveis e mulheres poderosas. Isso me encorajou a perseguir o gênero em filmes e na TV, sempre interpretando mulheres que me desafiam física, intelectual e emocionalmente.

Que conselho daria para as garotas geek, para a carreira delas ou a vida pessoal?

Simples: nunca se desculpe por ser quem você é. Vá atrás de seus interesses... Deixe-os florescer. Seja o mais louca, única e confiante possível.

KATE BEATON

◇◆◇

Criadora da webcomic Hark! A Vagrant e autora do best-seller homônimo

@beatonna

O que "garota geek" significa para você?

É uma coisa muito legal. Há um senso de propriedade e orgulho em clamar que algo tem significado para você. E quando você é uma criadora, é um grande elogio. Você faz coisas para que pertençam às pessoas, e então tem alguém dizendo "eu achei".

Como ser uma geek influenciou positivamente a sua vida?

Não sei! Acho legal que as pessoas estejam se identificando em ser nerds ou geeks como nunca, porque essas são coisas legais para ser. Particularmente, nunca coloquei um nome, era só: "essas são as coisas de que gosto" e pronto. Mas, sabe, identifique-se com isso ou não, tudo é legal! Goste do que você gosta. Eu não estaria fazendo o que faço se não tivesse focado a arte e a leitura que me interessavam. É o que eu acho que um geek é: alguém que se importa com algumas coisas que sempre amou. Praticar as coisas que você ama é ainda melhor.

Que conselho daria para as garotas geek, para a carreira delas ou a vida pessoal?

É um conselho bem simples, na verdade: apenas continue fazendo o que já faz. E sua voz, seus pensamentos, sua habilidade são únicos. Se está fazendo coisas, são a individualidade e a exclusividade que vão ajudá-la a se destacar, então encontre-as. Provavelmente é algo legal. Se está envolvida na cultura de outras formas, como fã, crítica, cosplayer ou quem quer que seja, lembre-se de que todas essas coisas existem juntas, e sua participação é sempre importante.

STEPHANIE LEONIDAS

Atriz conhecida por estrelar coisas geeks muito legais, como o filme de Neil Gaiman *A máscara da ilusão* e a série *Defiance*

@StephLeonidas

O que "garota geek" significa para você?

Para mim, é uma questão de paixão. Ser tão dedicada a uma série ou a uma personagem. As cons realmente abriram meus olhos. É excitante ver grandes quantidades de pessoas dominando cidades para os fins de semana em convenções. A atmosfera é incrível, todo mundo tem tanto amor e apoio para dar uns aos outros, assim como para séries, quadrinhos e pessoas que eles verão.

Como ser uma geek influenciou positivamente a sua vida?

O apoio que eu venho recebendo desde que fiz *A máscara da ilusão* e depois em *Defiance* foi arrebatador. Sinto-me tão sortuda de fazer parte desse mundo. Fui bem-afortunada o bastante para encontrar algumas pessoas absurdamente talentosas e incríveis para trabalhar que, de outro jeito, eu nunca teria conhecido.

Que conselho daria para as garotas geek, para a carreira delas ou a vida pessoal?

Seja você mesma e nunca se desculpe por ser quem você é, nem pelo que está apaixonada.

LORRAINE CINK

Atriz, comediante, escritora e apresentadora do programa da Marvel *The Watcher*

@lorrainecink

O que "garota geek" significa para você?

Garotas geek são identificadas como humanos do sexo feminino (bem como em outras espécies humanoides e possivelmente androides) que clamam ter uma paixão fervorosa por um universo — real ou ficcional. Adendo: garotas geek usam um monte de pontos de exclamação!!!! PORQUE MEU DEUS! VOCÊ VIU?!?!?!?!?!

Como ser uma geek influenciou positivamente a sua vida?

Desde quando eu era pequena demais para lembrar, fui arremessada na frente de filmes de ficção científica e ocasionalmente transportada para uma convenção de quadrinhos. Quando cheguei aos 11 anos, fui diagnosticada com um defeito genético no quadril: meu gene mutante. Mas eu tinha Wolverine. Wolverine estava cheio de metal. Ele sobreviveu. Ele superou. E pelos meses que se seguiram de fisioterapia, eu podia explicar que era como Wolverine. Podia associar minha doença com ser especial/talentosa/poderosa em vez de com algo negativo. Eu tenho a sorte de ser capaz de andar sem nenhum sinal dessa doença, mas sempre vou levar essa experiência comigo. Ser uma geek me deu a força para superar (superforça, na verdade).

Que conselho daria para as garotas geek, para a carreira delas ou a vida pessoal?

O que quer que você queira fazer, comece agora. Ninguém precisa lhe dar permissão. Ninguém precisa convidá-la para a mesa. Basta fazer o que ama. Algum dia, alguém vai ver o que você está fazendo e convidá-la para a mesa, ou, melhor ainda, você vai construir a sua própria mesa. E seja boa para as pessoas. Não apenas porque aquela recepcionista vai algum dia ser uma bilionária filantropa que pode lhe dar um emprego incrível, mas porque a vida é difícil e todo mundo merecer ser tratado com respeito. A bondade nos faz sentir bem e totalmente livres.

ESCOLHA A PERSONAGEM

Capítulo quatro

Desobediência civil: o feminismo das garotas geek

Ser uma garota hoje em dia é muito mais legal do que antigamente. Além disso, mais mulheres têm se tornado forças reconhecidas na indústria geek que tanto amamos, por isso é tão, tão importante apoiar outras mulheres. Dê uma olhada neste capítulo, apoie todas as garotas e venha sentar-se conosco, amiga.

Por que se considerar uma feminista? Eis os motivos por quê!

Porque você acha que todos os seres humanos devem ser tratados da mesma forma!

Você acha que todos os seres humanos — independentemente de gênero, raça, classe, sexualidade ou fandom — devem ter os mesmos direitos? Então parabéns: você é uma feminista. Viva!

Por causa da história!

Garotas que vieram antes, trabalharam duro para conseguir coisas muito boas como o direito ao voto, a empregos, a ter propriedades e a não ser uma propriedade! Honre essas incríveis mulheres e os sacrifícios feministas delas.

Porque quadrinhos e videogames não são só para garotos!

Qualquer pessoa pode gostar de qualquer coisa. Fato. O feminismo luta por isso.

Porque você quer fazer o que você quer fazer!

Não importa o que você goste de fazer, dizer, vestir, jogar, ler, deve poder fazê-lo sem perseguição. O feminismo está do seu lado.

Porque nem todo mundo é tão sortuda quanto você!

O feminismo luta pelos direitos das garotas de todo o mundo de ir à escola, trabalhar, dirigir, escolher com quem casar e fazer muitas outras coisas que nós temos garantidas. Estamos juntas.

Porque você se ama!

Ser uma feminista significa que você quer o melhor para si. E isso é uma coisa boa, garota geek. Você merece!

Litania da garota geek pelo feminismo

Sou uma garota geek e uma feminista. ◇ Recebo as palavras "garota geek" de braços abertos. ◇ Não preciso provar o meu credo nerd para ninguém, nunca. ◇ Quer eu seja uma novata em termos de quadrinhos, uma autora de fanfic escrevendo meu próximo capítulo quer uma jogadora barra-pesada que às vezes se esquece de dormir (não que eu faça isso), ninguém pode decidir a que lugar eu pertenço ou não. ◇ De SuperWhoLock a Shakarian, aceito todos os fandoms e ships como igualmente significativos e importantes em minha vida de garota geek. ◇ Mesmo se o seu PP for o meu NPP, ainda vou gostar de você (embora eu possa vir a ter de parar de seguir o seu blog). ◇ Eu posso usar maquiagem e um minivestido do R2D2, ou uma camiseta do Chewie e jeans rasgados e o mundo vai ter de lidar com a minha escolha; porque uma garota geek feminista se veste como quiser e não pede desculpas. ◇ Eu vou apoiar empoderamento, expressão cultural criada por mulheres e incríveis personagens femininas que farão me sentir como se eu pudesse ser a Batgirl, se eu apenas tivesse um coturno amarelo e um complexo de vigilante. ◇ Eu sou o Doctor Who, não a sua companhia; Buffy, não Bella; não sou a parceira-mirim, interesse amoroso ou uma mulher-troféu. ◇ Estou dirigindo esta nave. ◇ Sou geek, feminista e uma força a ser reconhecida.

Um glossário dos códigos secretos feministas, jargões e gírias

Cheque o seu privilégio! Não banque o sabichão pra cima de mim, cara! Argh, patriarcado! A mídia feminista usa um monte de palavras que são complicadas, desconhecidas e fazem parecer como se fosse uma coisa supersecreta, como se a Ordem Illuminati Reptiliana do Novo Mundo estivesse engendrando algo a portas fechadas. (Que não é nem um pouco verdade!) (*Ou é?!*) (Hua ha ha!) Falando sério, aqui vai o básico para os termos feministas, decodificados e simplificados.

Agência A habilidade de agir por si só, uma coisa que você definitivamente quer. Se alguém está tentando controlá-la, falando em seu nome ou não deixando que tome as próprias decisões, essa pessoa está negando a sua agência.

Binômio dos gêneros A dicotomia que divide tudo (até as coisas que não são baseadas em sexo ou gênero) em "macho" e "fêmea". (Videogames são para garotos! Saias e vestidos são para garotas!) O binômio dos gêneros é uma construção social (i.e., feito por pessoas, uma oposição do que é determinado biologicamente). Já ouviu alguém explicar para uma garota que ela não podia pegar o brinquedo do Batman por ser um "brinquedo de menino"? Sim, eca. Binômio dos gêneros a todo vapor.

Descarrilamento Entrar em uma discussão sobre feminismo apenas para trocar de assunto tão drasticamente que você nem consegue continuar a discussão original. É tipo quando alguém fica apontando erros de português em vez de comentar os pensamentos: isso é o trem descarrilado!

Feminismo A crença de que todas as pessoas de todos os gêneros merecem direitos iguais. Bum!

Gênero É como um ser humano se identifica: Homem! Mulher! Ambos! Nenhum! Muitas feministas acreditam que o gênero é uma construção social que não tem nada a ver com anatomia. Quando seu gênero e seu sexo combinam, então você é um cisgênero. Se são opostos, pode se considerar transgênero. Outras pessoas podem ser identificadas como bigênero, *genderqueer* (gênero não binário), com nenhum, com gênero fluido ou terceiro gênero.

Interseção Feminismo intersecional leva em conta tudo o que pode marginalizar as pessoas: gênero, claro, mas também, orientação sexual, etnia, capacidade física e classe social (por exemplo, uma mulher negra pode sofrer preconceito tanto de misoginia quanto racial). Pensar em interseção é importante porque identidades são complexas e não existe um padrão de ser humano.

Misoginia Temor ou ódio a mulheres. Alguém que sente esse tipo de coisa é chamado de misógino (embora "cretino" seja aceitável em pensamento).

Objetificação Quando você tira de uma pessoa tudo o que faz dela uma pessoa (i.e., agência, personalidade, sabor favorito de sorvete etc.) e passa a vê-la apenas como objeto ou sexo.

Outro A ideia de que, com quaisquer dois grupos, um é "nós" (o padrão) e um é "eles" (i.e., o outro). No mundo nerd, nomear o outro pode frequentemente se manifestar como a divisão "somos geeks e vocês são garotas", que não confere. De novo: não existe algo como um humano padrão!

Patriarcado Hierarquia baseada em gênero em que homens e coisas masculinas têm todo o poder e o respeito, e as, assim chamadas, coisas femininas são vistas como fracas e com menos valor. O pensamento patriarcal é ruim para todo mundo porque impõe ideais impossíveis em seres humanos de cada gênero. Dos caras é esperado que sejam musculosos, machos alfa agressivos. Garotas devem ser sexies, silenciosas, submissas. Obrigado por nada, patriarcado

Ponto de vista do macho A crítica de cinema Laura Mulvey cunhou esse termo para descrever quando a plateia é submetida à perspectiva do homem (heterossexual): personagens femininas sexualizadas, close-up de partes de corpo feminino, tudo enquadrado como se tivesse sido feito pelo cérebro de um cara. Em muito da mídia (pense nas estúpidas propagandas sensuais de cerveja), o ponto de vista do macho é o padrão.

Privilégio Todas as coisas que fazem sua vida ser um pouco mais fácil do que a vida de outras pessoas que não estão no seu grupo (que é, geralmente, a maioria). Quando alguém disser para você "cheque seus privilégios", essa pessoa está lhe fazendo lembrar de onde você veio. Por exemplo, se você for hétero e branca, suas experiências diferem das de garotas gays ou negras. E não há nenhum problema nisso! A checagem de privilégio simplesmente pede que você reconheça suas bases pessoais e escute a perspectiva de todo tipo de pessoa. Sem problema.

Sabichão Quando um cara explica tudo para você, geralmente porque ele assume que, como homem, sabe mais do assunto. Ocorre quando um sujeito diz que cólicas menstruais nem são tão ruins assim, ou que uma super-heroína *precisa* de decote no uniforme porque decotes são *empoderadores*. O termo em inglês é *mansplaining*, uma junção de "man" (homem) e "explaining" (explicar).

Sexismo (ou discriminação por gênero) Preconceito ou tratamento ruim baseado em sexo ou gênero.

Sexo Determinado pela sua biologia (entenda: hormônios e suas partes íntimas). Sexo nem sempre é uma coisa ou outra; você pode ser intersexo ou não binária.

Não: cinco mitos sobre feminismo que precisam cair

Não é surpresa para ninguém que haja um monte de conceitos errados circulando pela internet a respeito do que significa ser uma garota geek empoderada, como nós somos. Se acreditarmos em tudo o que vemos por aí, provavelmente ficaremos com a impressão de que uma feminista geek é o cruzamento entre um unicórnio imaginário, uma ogra gigante que não usa sutiã e uma súcuba supersexy que anda por aí cortando fora o pênis de qualquer homem que encontra. (O que soa meio incrível, e acho que eu gostaria de ler uma HQ sobre isso.) Obviamente, esse não é o caso, então estou aqui para esclarecer algumas coisas que você pode ter lido por aí.

Mito 1: Homens não podem ser feministas

Au contraire, nerdettes. Pegue apenas um exemplo: sir Patrick Stewart (também conhecido como capitão Picard, professor Xavier e melhor amigo do sir Ian McKellen) é um autoproclamado feminista e um grande e incrível proponente do fim da violência contra a mulher. Caras que acreditam na igualdade dos sexos, na porcaria que é o patriarcado ou na ideia de que as mulheres fazem coisas melhores do que ficar só de canto — todos são bem-vindos sob a bandeira do feminismo. Então, se você tem um amigo do sexo masculino que quer subir neste barco, deixe-o se juntar ao clube! (E definitivamente imagine o restante desta sessão sendo lida pela voz doce e com sotaque britânico de Patrick. Envolva-se!)

Alguns caras podem se perguntar por que o movimento não se chama "igualitarismo", se é a respeito de igualdade. Uma pergunta justa! A questão é que mulheres são geralmente marginalizadas em comparação aos homens, então dar o nome para o movimento de "feminismo" ajuda a deixar os direitos da mulher como prioridade.

Mito 2: Qualquer garota com interesses nerds deve estar mentindo para ter atenção masculina.

Você já foi a uma convenção ou a uma noite de jogos com seus amigos nerds e alguém questionou a sua credibilidade? Provavelmente sim. Os habitantes comedores de salgadinhos do reino dos trolls acreditam na existência da Falsa Garota Geek, que é uma mulher que finge se interessar por clássicos hobbies nerds, como videogames ou histórias em quadrinhos. As acusações de Falsa Garota Geek podem ser ruidosas ou vir em milhões de diferentes pequenas ações mesquinhas ou comentários chamados microagressões ("aposto que você nunca leu uma HQ do Superman"), que fazem você se sentir anormal ou mal recebida na comunidade nerd.

No entanto, é o seguinte: o mundo geek está passando por uma grande mudança cultural. Você sabe tão bem quanto eu que os estereótipos de *A vingança dos nerds* do meio dos anos 1980 não se aplicam mais. Conforme mais garotas tomam o controle das coisas nerds que amam, nós nos tornamos uma comunidade. Além do mais, não há jeito "certo" de gostar de algo; se coisas como ficção científica, videogames ou quadrinhos não tivessem apelo para mais de um tipo de pessoa, nunca seriam sucessos comerciais. Por isso, goste das coisas do jeito que quiser. Você é uma geek de verdade se é assim que se sente. Afinal, como diz a banda nerd de garotas Doubleclicks: "Não há geeks falsas, só cretinos de verdade".

Mito 3: Feministas geeks odeiam homens.

Garotas geek feministas não odeiam os homens! Nem um pouco. Quero dizer, temos alguns ótimos exemplos: Capitão América, Batman e cidadãos modelo (com ou sem uma capa) são ok. (Só desejamos que, para cada HQ, filme ou série de TV a respeito de um super-herói, pudéssemos também ter algo sobre uma super-heroína.) Feminismo é algo sobre igualdade. A ideia de que odiamos homens e queremos dominar o mundo é um estereótipo imbecil perpetuado pela mídia e prejudica nossa grande batalha pelo futuro da humanidade. Feminismo é um movimento para todo mundo e por todo mundo, e — vou falar isso de novo — ser uma feminista não significa que não gosta de caras. Só quer dizer que a Mulher Maravilha e a Pantera-Negra merecem seus próprios filmes tanto quanto o Superman, e que quando elas finalmente ganharem as telonas, nós diremos *calem a boca e aceitem o nosso dinheiro.*

Mito 4: Cosplayer = expositora gostosa. E ambas estão à disposição.

Cosplayers são mulheres que gastam meses, às vezes anos, aperfeiçoando seus trajes para a convenção, como uma expressão do seu amor por um personagem ou franquia. Fazemos cosplay porque amamos um personagem, somos boas em corte e costura ou então porque malhamos duas vezes por dia e nos sentimos fantásticas quando nos vestimos de Psylocke. Ou porque nunca malhamos nenhum dia de nossa vida, assim como Ramona Flowers e não importa, porque a Ramona é durona e nos vestirmos iguais a ela faz nos sentirmos duronas também.

Nós *não* fazemos cosplay porque queremos que estranhos apalpem (ou até encarem) nossas bundas ou seios.

Modelos de estande não são cosplayers. Essas mulheres — também conhecidas como modelos promocionais — são pagas pelas empresas dos estandes para estar em uma convenção, por vezes enquanto usam um traje e chamam a atenção para determinado produto. Modelos de estande trabalham para uma agência. São contratadas. É o trabalho delas. Os trajes não são algo que elas mesmas fizeram (ou sequer escolheram).

Então o que cosplayers e modelos têm em comum? Ninguém pode tocá-las, a não ser que elas digam que não tem problema. Não importa quão reveladora é a fantasia, o consentimento é *necessário.*

Mito 5: É hipócrita criticar a sexualização das heroínas, porque super-heróis também são sexies.

Alguma vez você ouviu falar de falsa equivalência? É quando você estabelece uma aparente correlação lógica entre duas coisas quando de fato não existe nenhuma. Um exemplo claro é aquela coisa: "Claro, super-heroínas são supersexies, mas super-heróis são supermusculosos! Eles são ambos objetificados e inalcançáveis, e apresentam estereótipos corporais abusivos!". E aqui vai o motivo: os quadrinhos de super-heróis geralmente sexualizam personagens femininas e retratam personagens masculinos como uma bomba de testosterona, e ambas as coisas são *fantasias masculinas*. As mulheres são as fantasias sexuais masculinas; os homens são fantasias de poder masculino. Você já viu um pescoço musculoso com uma veia pulando, de um desenho Liefeldiano do Capitão América, e pensou "oh yeah, eu quero dormir de conchinha com esse cara"? Provavelmente não. Porque essa imagem é para os caras verem e pensarem "yeah, eu queria ser desse jeito! Grr! Músculos! Poder! Roar!".

Então criticar os padrões para ambos os sexos é algo totalmente justo: mas qualquer um dos casos, são produtos nojentos do patriarcado. (Confira o site norte-americano do Gavião Arqueiro, o Hawkeye Initiative, em que artistas redesenham super-heróis em posições idênticas a heroínas como Psylocke e Mulher-Gato. É hilário. Triste, mas hilário.)

Suas novas favoritas: personagens femininas poderosas que você precisa conhecer

Há tanto para ler, ver e jogar, e ainda assim tão pouca coisa decente com protagonistas garotas. Todo mundo conhece a tenente Uhura, Lara Croft, Ellen Ripley e Buffy, mas que tal quando você se aventurar fora das reprises para algo totalmente novo? Como jogar com seu primeiro console se cada jogo parece um simulador de homem branco? Quais quadrinhos você pode pegar que não tenham gigantes closes de partes do corpo de mulheres a cada página? Existem séries de TV com personagens gays ou com mulheres negras que não sejam um saco? Por favor? Por favor.

Evite os misóginos da mídia moderna e não fique presa lendo, vendo ou jogando algo muito chato. Aqui vão as melhores protagonistas femininas em filmes, séries de TV, quadrinhos, animes e videogames.

Quadrinhos

Heroína: Kate Kane

SÉRIE: *Batwoman*

COMECE AQUI→ *Batwoman: Elegy,* escrita por Greg Rucka; continue por *New 52 Batwoman*, publicadas no Brasil pela Panini Comics na revista *A Sombra do Batman*, a partir do nº 1

Se estiver procurando por uma super-heroína que não seja apenas poses gratuitas e fisicamente impossíveis, então conheça a cria do exército Kate Kane: uma adorável garota judia que é forçada a sair das forças armadas depois de recusar-se a esconder que é gay. Kate pega o manto da Batwoman e dá a Bruce Wayne um adversário a altura com sua vida suave de socialite e como uma misteriosa combatente do crime vestida de morcego. Uma mulher homossexual, uma ruiva linda e dona de uma roupa de Batwoman que usa coturnos em vez de insultantes e inúteis saltos altos? Aí sim! Bônus: o escritor Greg Rucka é conhecido por ser violentamente mordaz contra a cultura da Falsa Garota Geek, porque ele é incrível. Bônus duplo: a equipe premiada do gibi, J. H. Williams III e W. H. Blackman saíram da HQ quando a DC se recusou a deixar Kate se casar com sua noiva. Solidariedade!

Heroína: Sonja

SÉRIE: *Red Sonja*

COMECE AQUI→ *Red Sonja* Vol. 1, "Queen of Plagues" [Rainha das Pragas], de Gail Simone (Image Comics) e *Legends of Red Sonja* (Image Comics, 5 edições) (a personagem já foi publicada no Brasil, mas essa fase da editora Image ainda é inédita por aqui)

Se gostar de garotas duronas, beberronas e pegadoras, então você precisa ler *Red Sonja*. Bem antes de Buffy ou a Gata-Negra sentarem o braço em bandidos, Red Sonja estava barbarizando nas páginas das revistas do Conan. A sua atual roteirista, Gail Simone (não por nada, uma das maiores escritoras de quadrinhos de todos os tempos), descreve Sonja como "caos, sangue, sexo e cabelo vermelho" e "vigorosa, um pouco bêbada [que] faz o que quer, fala o que quer e, se você disser alguma merda para ela, é provável que ela mate você, mate seu melhor amigo e o seu gato". Sim. Sim. Comece a ler a respeito da nossa mulher-demônio hirkaniana favorita com a série escrita por Simone — você pode começar direto aí mesmo, não precisa ler nem saber de nada antes, nenhum prévio conhecimento é necessário —, então confira as cinco edições da série *Legends of Red Sonja*, composta de histórias fechadas escritas exclusivamente pelas melhores autoras no negócio (incluindo Tamora Pierce, Kelly Sue DeConnick, Mercedes Lackey e Marjorie Liu, só para nomear algumas). E não se preocupe com o biquíni de metal. Vestida nele, Sonja comanda, e ainda faz com que você também queria um.

Heroínas: Carol e Kamala

SÉRIES: *Capitã Marvel e Miss Marvel*

COMECE AQUI→ *Capitã Marvel vol. 1 A heroína mais poderosa da terra*, de Kelly Sue DeConnick (Panini Comics); *Miss. Marvel vol. 1* No Normal, de G. Willow Wilson (ainda inédito no Brasil)

Carol Danvers começou como piloto da Força Aérea e, após uma explosão alienígena ter lhe dado poderes como voar e disparar raios de energia, juntou-se aos Vingadores como Miss Marvel. Recentemente, Carol assumiu a alcunha de Capitã Marvel em uma série escrita pela audaciosa Kelly Sue DeConnick, na qual vai para o espaço com seu gato Chewie (Carol é uma grande fã de *Star Wars*, óbvio) para manter um olho sobre os malas dos Guardiões da Galáxia. Outra questão interessante: o Capitão Marvel era o personagem original e Carol usa exatamente a sua roupa (sem salto alto ou decotes). Loira, linda e durona, Carol detona.

Isso, naturalmente, deixou o cargo de Miss Marvel livre, mas isso não poderia durar muito. Entra então Kamala Khan, uma garota muçulmana de 15 anos, descendente de paquistaneses, que vive na cidade de Jersey. Ela vai escondida a uma festa, onde acidentalmente entra em uma névoa estranha e se descobre com o poder de trocar de forma. Kamala é adorável, supernerd e idolatra os Vingadores, então ela é basicamente a leitora. A HQ é escrita por G. Willow Wilson (uma mulher muçulmana) e ilustrada pelo incrível Adrian Alphona. Você tem de acompanhar a jornada de Kamala em busca de autoconhecimento, pela estranheza, algumas detenções, pais severos e superpoderes. A melhor.

Heroínas: Hannah, Violet, Dee e Betty

SÉRIE: *Rat Queens*

COMECE AQUI→ *Rat Queens vol. 1 – Sass and Sorcery*, de Kurtis J. Wiebe (Image Comics, ainda inédita no Brasil)

Escrita por Kurtis Wiebe (que descreve a série como o encontro de *O Senhor dos Anéis* e o filme *Missão Madrinha de Casamento*), publicada pela Image Comics e indicada ao prêmio Eisner de melhor nova série em 2014, as *Rat Queens* são um grupo de quatro aventureiras desbocadas e duronas de um universo de fantasia, e você não aguentaria cinco minutos com elas na porrada. Primeiro, temos a líder do grupo, Hannah, uma maga-elfa rockabilly com tatuagens incríveis e talento para necromancia. Então há Violet, a guerreira anã ruiva que raspa a barba porque ela quer e não porque é moda. Dee é uma clériga humana negra que escapou de um culto de adoração a Cthulhu. E Betty é uma hobbit loira hippie ladra/bartender que realmente ama ficar doidona. As quatro garotas se encontram em uma aventura de fantasia medieval clássica, mas suas ações são muito atípicas. Elas são praticamente você e suas melhores amigas, se vocês se vissem transportadas para o mundo de *Skyrim*.

Televisão

Heroína: Helen Magnus

SÉRIE: *Sanctuary*

COMECE AQUI→ Temporada 1, Episódios 1 e 2, "Sanctuary para todos, partes 1 e 2"

Eu não consigo dizer quão profundo é o meu amor por Helen Magnus. Nascida em 1850, Helen é uma cientista na Londres vitoriana que trabalha com algumas pessoas de que talvez tenha ouvido falar: Tesla, Watson e até mesmo Jack, o Estripador. Quando ela e seus amigos da ciência injetam sangue de vampiro em si mesmos, cada um recebe um poder único — é assim que Helen torna-se imortal. Então vamos para os dias de hoje. Helen começou uma rede mundial de refúgios para "anormais", chamados Santuários; qualquer um ou qualquer coisa diferente do comum pode encontrar um lar na rede dos Santuários, longe de perseguição ou problemas. Helen é superinteligente, muito durona e perversamente filantrópica, além de ter um cabelo fantástico. Perfeito. *Sanctuary* foi uma das primeiras webséries de que se tem notícia, foi a primeira a ser transportada com sucesso para a televisão tradicional e filmada quase inteiramente em tela verde. A produtora executiva é Amanda Tapping e ela se tornou uma pioneira na indústria como prolífica diretora, produtora, atriz e também minha heroína.

Heroínas: Xena e Gabrielle

SÉRIE: *Xena: A princesa guerreira*

COMECE AQUI→ Temporada 1, Episódio 1, "Pecados do passado"

Não tem como encontrar uma garota que seja mais ferrada que Xena, a princesa guerreira. Se você ainda não viu essa séria clássica, permita-me persuadi-la a fazê-lo agora mesmo. Filmada em uma linda Nova Zelândia pré-Terra Média, a série segue Lucy Lawless como Xena, uma brilhante guerreira na Grécia antiga mitológica (os deuses aparecem bastante) em uma missão de redenção durante a qual ela senta o braço no maior número possível de sujeitos, com o auxílio de sua mortal tiara-bumerangue/chakram. Sua confiável parceira é uma ingênua fazendeira chamada Gabrielle, que, ao longo da série, desenvolve-se até também se tornar uma guerreira poderosa. (Se Xena for de tendência Caótica e Neutra, Gabby é definitivamente Ordeira e Boa.)

Nascida como série derivada de *Hércules*, estrelada por Kevin Sorbo (se você gostar de sujeitos fortões sem camisa, pode querer conferir também), *Xena* foi ao ar de 1995 a 2001, com um monte de efeitos especiais ruins. Mas, honestamente, isso faz parte do charme: a série nunca se levou a sério. Há bastantes efeitos ridículos de som, piadas internas e acenos para a audiência para mantê-la entretida perpetuamente (obrigado, produtor executivo Sam Raimi). Ah, e Xena e Gabrielle eram, tipo, totalmente apaixonadas uma pela outra. O que era algo grande para um seriado do meio da década de 1990.

Heroína: Capitã Janeway

SÉRIE: *Star Trek: Voyager*

COMECE AQUI→ Temporada 1, Episódio 1, "Caretaker"

Tem um monte de *Star Trek* por aí, mas só uma série da franquia clássica foi estrelada por uma capitã da Frota Estelar, e é *Star Trek: Voyager*. Como a comandante da USS Voyager no ano de 2371, Kathryn Janeway acidentalmente termina encalhando a si e sua tripulação no Quadrante Delta (muito, muito, muito longe; o único jeito de voltar à Terra levaria setenta anos). *Voyager* segue Janeway (uma mulher solteira, só pra registrar) conforme ela tenta ser a melhor oficial e capitã enquanto está em um aterrorizante espaço inexplorado.

Janeway perde menos membros de sua tripulação que Kirk, é a primeira capitã desde Kirk a se tornar almirante, e ninguém questiona sua competência por causa do seu gênero. Janeway é também a melhor porque ela acredita em independência e autonomia o tempo todo — ela ajuda Sete de Nove, uma antiga Borg, a recuperar sua humanidade, e ela é uma grande defensora de que o Doutor, um holograma, seja reconhecido como um ser senciente. As duas primeiras temporadas de *Voyager* não são grande coisa, mas continue vendo até que Janeway pare de prender o cabelo naquele coque questionável. Vale muito a pena. (Além disso, *Voyager* tem um dos melhores temas musicais de todos os tempos.)

Heroína: Zoë

SÉRIE: *Firefly*

COMECE AQUI→ Temporada 1, Episódio 1, "Serenity" (não confunda com o filme que sucede a série, *Serenity*)

Ok, você já deve conhecer a Zoë. Mas também estou aqui para dizer que deveria rever *Firefly* e notar como a presença de Zoë Alleyne Washburne contribui para quão legal é a série. Zoë — uma das tripulantes a bordo da espaçonave Serenity, que viaja pelo universo e faz trabalhos estranhos (alguns dentro da lei, a maioria não) — é uma antiga soldado e brilhante atiradora que leva o casamento dela (inter-racial!) com sarcasmo e mão leve, mas ainda assim de ferro. A jornada dela pela série, pelo filme e pelos quadrinhos subsequentes é trágica, linda e inspiradora. (Há também o pequeno fato de que apenas 9% de séries de ficção científica são protagonizadas por mulheres negras.) Gina Torres, a atriz que a interpreta, esteve em cada série do gênero, desde *Cleópatra 2525*, passando por *Xena* até *Buffy*. Ela é um ícone cultural. Ela poderia cativá-la com seu lindo rosto e, em seguida, matá-la com seus bíceps. É preciso adorá-la.

Filmes

Heroína: Chihiro/Sen

FILME: *A viagem de Chihiro*

De um dos mais aclamados filmes de Hayao Miyazaki e do Studio Ghibli (e provavelmente um dos melhores filmes de animação de todos os tempos, para ser totalmente honesta), Chihiro Ogino (ou, como ela foi renomeada mais tarde, Sen) é a protagonista de 10 anos de *A viagem de Chihiro*. Após descobrir que seus pais se transformaram em porcos e foram transportados para um mundo espiritual, ela tem de desvendar como libertar a si mesma e a seus pai e voltar para sua vida normal. Meio que uma grande coisa para uma garota de 10 anos, sabe? A jornada dela ao longo do filme é de grande amadurecimento pessoal. Chihiro começa como uma garota normal — infantil, assustadiça, inocente — e termina confiante, corajosa e segura, sabendo o tipo de pessoa que realmente é. Além disso, o filme tem o toque maravilhoso, silencioso e mágico de uma verdadeira obra de Miyazaki. A bravura e a responsabilidade dela são impressionantes e todas as garotas de 10 anos podem aprender um pouco com ela.

Heroína: Mallory

FILME: *A toda prova*

Não foram muitas pessoas que viram *A toda prova*, mas quem viu fez muito bem porque ele apresenta uma das protagonistas femininas mais duronas da história do cinema. Antiga lutadora de MMA (é sério, tipo, a terceira melhor lutadora de MMA do mundo), Gina Carano faz Mallory Kane, uma espiã de operações obscuras que faz coisas de espiã e... veja, a história não importa muito aqui. É basicamente *Duro de matar* ou qualquer outro filme de ação com orçamento ilimitado, mas é estrelado por Gina (que dispensou dublês) em vez de algum sujeito fortão. Se você gosta desses caras, não se preocupe: Gina enfrenta Michael Fassbender, Ewan McGregor, Channing Tatum e Antonio Banderas. Só pra constar.

Heroína: Mace

FILME: *Estranhos prazeres*

Vamos falar um pouco sobre a diretora Kathryn Bigelow. Ela é simplesmente incrível: em 2010, foi a primeira mulher a ganhar o Oscar, o DGA, o BAFTA e Critics' Choice Award por melhor direção pelo filme *Guerra ao terror*. Mas, anos antes de ganhar todos os Oscar (e alguns anos depois de largar James Cameron), Bigelow ganhou o prêmio Saturn em 1995 pelo filme de ficção científica que dirigiu: *Estranhos prazeres*. (Ela foi a primeira mulher a ganhar esse prêmio também.) Esse filme retrata uma história alternativa na qual no ano de 1999 (o futuro!) o dispositivo de maior sucesso é algo chamado "calamar", que permite que você transmita seus pensamentos, suas emoções e suas memórias para o cérebro de outras pessoas. Mas facilmente a melhor parte da história é Angela Bassett como a especialista em combate Mace, uma mulher durona sempre de arma na mão que não tem problema em desbaratar salas cheias de malfeitores. Bigelow selecionou Bassett para o papel porque, antes de *Estranhos prazeres*, ela sempre tinha sido elencada como vítima (assim como Tina Turner ou Betty Shabazz, por exemplo); com essa reviravolta, Bassett conseguiu quebrar o estereótipo (e algumas caras) no processo. Aí sim.

Heroína: Moon

FILME: *Herói*

Esse filme chinês de artes marciais (ou wuxia) de 2002 é sobre assassinatos e revanche na China antiga. Tecnicamente é estrelado por Jet Li, mas não é isso que o filme realmente mostra. A melhor parte de *Herói* é Zhang Ziyi como Moon. Aprendiz de um assassino extremamente talentoso chamado Espada Quebrada, Moon é uma incrível lutadora, e sua habilidade é lutar com duas espadas. (Se você pensa que estou basicamente falando de Zhang Ziyi voando por aí e fatiando pessoas com suas espadas gêmeas enquanto mantém sua aparência graciosa, então você está 1.000% correta, amiga.) E — sem spoilers — a batalha final de Moon é uma das mais belas cenas de vingança que eu já vi. Com impressionantes paletas de cores e figurinos maravilhosos e dignos de fanarts, *Herói* foi o filme mais caro e de maior bilheteria da história da China, em sua época, e foi aclamado pela crítica quando lançado no Ocidente, além de ter sido indicado ao Oscar. Então você não tem desculpas para ainda não ter visto esse filme pelo menos umas dez vezes.

Jogos

Heroína: April

JOGOS: *The Longest Journey* e *Dreamfall: The Longest Journey*

COMECE AQUI→ Você pode baixar o jogo original no site longestjourney.com, ou pode conseguir os dois videogames na Steam.

Talvez a mais memorável personagem feminina de todos os jogos de aventura, April Ryan é a protagonista de *The longest journey*, de 1999, e da sua continuação de 2006, *Dreamfall*. De jeans e uma camiseta maneiros ou então com uma linda jaqueta estilo *Matrix* que deixaria Trinity com inveja, April não é só a filha de um dragão mas também uma Shifter — alguém que pode se transportar do chato mundo normal para o poderoso e mágico mundo de Arcádia. Onde vivem os *dragões*. De quem ela descende, galera. April tem o habitual chamado para a aventura: profecias, lutar contra as forças do caos, culpa cristã. Ela é, porém, uma garota imprevisível que monta uma equipe de rebeldes e prefere ser chamada de Raven ou Scorpion, obrigada. (Também acho que quero ser chamada de Scorpion a partir de agora.)

Heroína: Samus

JOGO: A série *Metroid*

COMECE AQUI→ O Metroid mais recente é o *Other M*, mas muita gente prefere *Metroid Prime 3: Corruption* (ambos para Wii)

É verdade: a pessoa dentro daquela armadura gigante e volumosa nos jogos de *Metroid* da Nintendo, Samus Aran, que caça recompensas, ex-soldado da Federação Galáctica, com dois metros de altura, mais de cem quilos, capaz de carregar um canhão, temor dos piratas espaciais é uma garota. Uma garota superfantástica, que não precisa de uma armadura moldada com peitos e que não liga se você sabe qual é o gênero dela. Eu a amo. No mundo para vingar as mortes de seus pais pelas mãos do maligno pirata espacial Ridley, Samus ganhou seus poderes e sua armadura dos Chozo, os alienígenas com aparência de pássaros que a adotaram quando ela era uma criança órfã. Com seu traje Zero (que é apertado contra a pele e mostra o cabelo loiro dela preso em um rabo de cavalo), Samus é inexoravelmente a mais poderosa personagem feminina em todo o rol da Nintendo, o que significa que você devia escolhê-la para derrotar os seus amigos em *Super Smash Bros*.

Heroína: Faith

JOGO: *Mirror's Edge*

COMECE AQUI→ Há apenas um jogo de *Mirror's edge* até agora (disponível para PS3, Xbox 360 e PC), mas a sequência está em desenvolvimento

Faith Connors cresceu em um regime totalitário chamado *City*, no qual ela vivia com dificuldade nas ruas como uma adolescente que está aprendendo a se defender. Após se tornar uma Runner — parte de um grupo subterrâneo ilegal —, Faith é constantemente perseguida pelas forças do governo totalitário. Em suma, Faith é uma super-rara mestiça e personagem jogável, mestra no parkour e corredora. Ela também tem habilidades de artes marciais e sabe usar uma arma muito bem. E caso ela ainda não seja durona o suficiente para você, digo que Faith tem o braço fechado e uma tatuagem sob o olho direito. Então, não se meta com ela. Ela vai acabar com você.

Heroína: Liara

JOGOS: A trilogia *Mass effect*

COMECE AQUI→ Todo mundo sabe que *Mass Effect 2* é o melhor da trilogia, mas definitivamente comece pelo primeiro jogo (para PS3, Xbox 360 e PC). Você não conseguirá se apegar aos personagens e à história da mesma forma se pular esse

Em sua experiência com videogames está faltando alguns aliens de mil anos de idade com gênero sexual fluido e pansexuais? Então eu tenho o jogo pra você! Confira a trilogia *Mass effect*. Criada pela Bioware, as mesmas pessoas que fizeram excelentes títulos de fantasia como *Baldur's gate* e *Dragon age*, *Mass effect* é um RPG espacial no qual você pode jogar com personagens totalmente customizáveis, tanto masculinos como femininos (e sua escolha de gênero não afeta nem um pouco a história!). Você tem também múltiplas opções para romances, uma delas, claro, é a querida Liara T'Soni. Uma alienígena asari, Liara tem "só" 106 anos (jovem para os padrões asari) e começa a história como brilhante cientista e arqueóloga. Liara não diferencia espécies ou gêneros quando tem de escolher parceiros; de fato, ela consegue agir no processo de procriação tanto quanto homem quanto como mulher. Porque todo asari é tecnicamente fêmea, as matriarcas de mil anos dessa sociedade são reverenciadas como criaturas sábias e míticas (em sua maioria). Além disso, as asari têm poderes de sedução incríveis e Liara é uma mestra quando precisa usar os seus *biotics* (pense em poderes mágicos), então não há nenhuma razão para não gostar dela ou da sua espécie.

Heroína: Aveline

JOGO: *Assassin's Creed III: Liberation*

COMECE AQUI→ Apesar do nome, não é preciso comprar *Assassin's Creed III* para jogar *Liberation*, o jogo funciona sozinho. Você pode conectar os videogames para adicionar bônus, mas você definitivamente não precisa. *Liberation* está disponível para PS Vita, PS3, Xbox 360 e PC

Vamos todos nos curvar para a Ubisoft por fazer essa incrível personagem jogável assassina que é Aveline de Grandpré. Imagine isto: estamos em Nova Orleans no ano de 1765 e Aveline é fruto de um casamento *plaçage* (um tipo de concubinato entre um homem branco e uma mulher negra), uma união temporária entre um mercador francês e uma escrava africana liberta. Além de ser integrante da *Assassin brotherhood* (na qual ela mata um monte de gente do mal), Aveline é também uma superperversa mulher de negócios e respeitada mestiça da alta sociedade. Ela não tem nenhuma fraqueza inerente como mulher; as lâminas escondidas em suas mangas a ajudam a derrubar facilmente salas cheias de homens perigosos. Ah, e essas mangas? Ligada a uma roupa sem decote ou saltos altos. A melhor coisa. Aveline também pode assumir uma persona de mulher fatal, em que veste um espartilho e faz todo tipo de suborno. Eu mencionei que ela tem uma sombrinha/arma? O jogo não é perfeito, mas Aveline com certeza é, e isso é uma razão suficientemente boa para jogá-lo.

Livros

Heroína: Daine

SÉRIE: *The Immortals*, quadrilogia de Tamora Pierce (ainda inédita no Brasil)

COMECE AQUI→ Livro 1, *Wild Mage*

Tamora Pierce estava escrevendo livros de alta fantasia sobre mundos mágicos uma década antes de G. R. R. Martin sequer sonhar com Westeros. E as histórias dela são melhores porque todas são estreladas por mulheres. A segunda quadrilogia de livros (meus favoritos) de Pierce se passa na terra de Tortall e segue Daine Sarrasri, uma garota negra que descobre ter um talento raro para magia, o que concede a ela a capacidade de se comunicar com animais. Ao longo da série, Daine aprende a controlar seus poderes, se torna a heroína de toda uma guerra, enfrenta deuses, reis e cavaleiros, não deixa sua origem humilde impedi-la de exigir o que é certo e proteger tanto humanos quando animais do mesmo jeito. E ela encontra amor em um homem mais velho que Pierce fez baseado em Jeff Goldblum. (Eu não sei se isso vai influenciar você, mas certamente funcionou comigo!) Os fãs de Daine podem voltar e ler a primeira quadrilogia de Pierce que se passa em Tortall, *A Canção de Alanna* (publicada no Brasil pela Única Editora), cuja poderosa heroína se disfarça de menino para se tornar uma cavaleira, e depois ler *Protector of the Small*, estrelando uma garota que tenta se tornar a primeira cavaleira em um século a conseguir ganhar a sua heráldica (percebeu um padrão?). As outras duas séries de Pierce em Tortall são sobre garotas espiãs e policiais, então basicamente você devia ler todos os livros dela agora mesmo. Vai lá. Eu espero.

Heroína: Gemma Doyle

SÉRIE: A trilogia Gemma Doyle, de Libba Bray (lançada no Brasil pela editora Rocco)

COMECE AQUI→ *Belezas perigosas*

Libba Bray me surpreendeu com essa trilogia evocativa e misteriosa, que une o místico e o histórico do jeito certo. Em 1895, Gemma Doyle é uma jovem britânica de 16 anos que vive na Índia quando sua mãe morre sob circunstâncias misteriosas e mágicas. Mandada de volta para um colégio interno na Londres vitoriana, Gemma se vê confrontada com magia negra, reinos encantados, visões místicas, problemas escolares, beijos, rapazes tentadores que fazem parte de ordens estranhas e muito mais. Gemma desenvolve os próprios poderes e a própria agência, e não há dúvida de que ela é a heroína da história. (Logo que você terminar a trilogia de Gemma Doyle, deveria ler *Beauty queens*, da mesma autora, para uma sólida distopia que critica os loucos padrões que são impostos às garotas.)

Heroínas: Kaede e Taisin

LIVRO: *Huntress*, de Malinda Lo (ainda inédito no Brasil)

Não há por aí muitas histórias de fantasia que sejam simpatizantes da temática LGBT, mas Malinda Lo nos concedeu esse desejo com *Huntress*. Taisin é uma sábia, magicamente abençoada e dotada de sonhos proféticos, enquanto Kaede é lógica e curte viver o momento. As duas garotas são mandadas juntas em uma jornada perigosa pelo seu país para fazer contato com a mítica Rainha das Fadas e, no caminho, têm a oportunidade de se conhecer melhor. Tipo, muito. (Elas se apaixonam! É adorável.) Não só há uma linda relação de amor entre garotas, mas também *Huntress* é cheio de referências à cultura e à mitologia chinesas, e os poderes de Taisin são baseados no I Ching. Além disso, uma relação homossexual é tratada como qualquer outro tipo de relação, o que é alentador e importante. Ninguém se escandaliza ou tenta proibir o amor delas. É apenas amor! Viva!

Heroína: Cimorene

SÉRIE: The Enchanted Forest Chronicles, de Patricia C. Wrede (ainda inédita no Brasil)

COMECE AQUI→ *Dealing with Dragons*

Cimorene, princesa do meu coração! A filha mais nova do rei de Linderwall, Cimorene, é uma garota inteligente, determinada e destemida. ("Quando as pessoas eram educadas, diziam que ela era forte de espírito. Quando ficavam irritadas ou nervosas com ela, diziam que ela era teimosa como uma mula.") Relutante em se casar com um príncipe bonito, porém chato (e quem não se sentiria assim?), Cimorene trança seu cabelo, empacota seus lenços e sua melhor coroa e se voluntaria como prisioneira da dragoa Kazul; ela organiza a biblioteca da dragoa, faz o registro dos tesouros e prepara incríveis sobremesas. Ela não odeia coisas de garotas (sua melhor amiga Alianora é uma princesa muito mais tradicional), acaba com feiticeiros quando eles ficam no caminho dela e ainda frustra um plano para usurpar o trono do Rei dos Dragões — o título que acaba indo para sua amiga dragoa Kazul. Progressista! O resto da série segue com mais aventuras, um romance encantador e algo chamado a Fritadeira do Destino. Provavelmente a única coisa ruim a respeito de Cimorene é quando ela (alerta de spoiler) dá o nome de Daystar para seu filho. Mas não podemos ser todos perfeitos.

Anime

Heroína: Riza Hawkeye

SÉRIES: *Fullmetal alchemist* e *Fullmetal alchemist: Brotherhood*

COMECE AQUI→ "Aqueles que desafiam o sol" o primeiro episódio de *Fullmetal alchemist* de 2003; ou "Fullmetal alchemist", o primeiro episódio da nova versão, de 2009, *Fullmetal alchemist: Brotherhood.* Eu assisti a Brotherhood primeiro, não há ordem certa

Uma oficial militar, segurança durona e que está de saco bem cheio, a tenente Riza Hawkeye é uma das muitas excelentes personagens em *Fullmetal alchemist* e no seu remake de 2009, *Fullmetal alchemist: Brotherhood.* Em um mundo onde todos usam alquimia (essencialmente magia) para lutar, Hawkeye não tem tempo para joguinhos e apenas faz o trabalho com qualquer arma que tem à mão. Ela está em pé de igualdade com os homens com quem trabalha, nunca é sexualizada e tem uma tatuagem épica nas costas e um monte de cicatrizes de queimaduras que só intensificam sua aura de assassina. E não vamos esquecer que *Fullmetal alchemist* também apresenta personagens de grupos normalmente marginalizados ou esquecidos: um protagonista deficiente, uma mulher negra com uma bazuca no seu membro protético, um minipanda de estimação (!), pessoas de diferentes etnias, pessoas com problemas mentais; além disso, tem uma narrativa que critica o racismo, o imperialismo e as estruturas de poder dominadas pelo homem branco. Ah, e foi escrito por uma mulher. Se você não ficou nem um pouco impressionada, está errada.

Heroína: Mikasa

SÉRIE: *Ataque dos Titãs* (também conhecida pelo título em inglês *Attack on Titan* ou em japonês *Shingeki no Kyojin* ou *SNK)*

COMECE AQUI→ Episódio 1 "Para você, após dois mil anos – A queda de Shiganshina, Parte 1". Veja com dublagem original e legendas, porque a gritaria nesse desenho soa particularmente legal em japonês

Uma garota mestiça que acaba sendo a última descendente de asiáticos dentro das Muralhas (onde vive todo mundo que ela conhece, porque, sabe, do lado de fora há gigantescos monstros aterrorizantes chamados Titãs, *gente, preste atenção*), Mikasa se juntou à Divisão de Reconhecimento como soldado após escapar de traficantes que queriam vendê-la. A primeira da classe em sua turma, Mikasa é séria e durona — ela pode literalmente lutar contra monstros gigantescos e escravagistas humanos com o mesmo sucesso — mas também ama muito e tem muitos sentimentos. Ela tem um norte moral forte e só quer viver em paz, mas sabe que tem de lutar por aquilo em que acredita, o que faz com que mereça um lugar no meu livro. (E ela é superfofa. Eu quero ser ela.) Bônus: a personagem Zoë Hange, um(a) cientista mau(má) e brilhante, que, apesar de ter um primeiro nome tradicionalmente feminino, é, na verdade, sem gênero definido. O criador de *Ataque dos Titãs*, Hajime Isayama, especificamente pediu que a personagem continue sendo não binária. Ah, e Hange usa uns óculos bem legais.

Heroína: Motoko

SÉRIE: *Ghost in the Shell*

COMECE AQUI→ *Ghost in the shell: Stand alone complex*, depois a segunda temporada de *S.A.C. 2nd GIG*, e então o filme *Solid State Society*

Você pensou que mulheres nos animes não poderiam ficar mais radicais, não é? Pois pense de novo, porque vamos falar sobre a Major Motoko Kusanagi, de *Ghost in the shell.* Vivendo em uma realidade alternativa pós-ciberpunk no Japão, Motoko é a líder da organização contraterrorista Segurança Pública Seção 9. Não satisfeita em derrubar hackers do mal, Motoko é também uma ciborgue (caramba, garota, vai devagar), que vive em um corpo totalmente cibernético desde um acidente na infância. Seu corpo artificial também é compatível com outros ciborgues de ambos os sexos, o que faz dela uma impressionante protagonista bissexual. Por que quem não quer mais garotas robôs bi nas suas séries? É verdade que a roupa dela inclui um fio dental bem desconfortável, mas o fato de conseguir enfrentar cibercrimes enquanto ignora a urgência de coçar a bunda é prova o bastante de que Motoko é uma verdadeira heroína.

Heroína: Lina

SÉRIE: *Slayers*

COMECE AQUI→ *Slayers* episódio 1, "Enojado? O furioso Dragão Slave de Lina!"

Se você gosta mais de magia que de cibercrime, não se preocupe, amiga, porque eu tenho a garota certa pra você. A maga adolescente Lina Inverse é a personagem principal de *Slayers*, um dos animes mais populares dos anos 1990, e a mais poderosa feiticeira do mundo (e com apenas 15 anos, o que é um negócio muito incrível). Seu uso extremo de magia negra — como da vez em que ela transformou todo o oceano em literalmente um mar de morte — significa que Lina tem de comer o tempo todo (como posso obter esse poder?). Ela só tem medo da irmã mais velha e de lesmas. Essa irmã, Luna, uma igualmente impressionante cavaleira de Ceifeed, domina tanto o poder sagrado que certa vez derrotou um dragão plasma com uma faca de cozinha. (Essa pode ser a próxima batalha de *The Elder Scrolls On-line*, por favor? Muito obrigada adiantado.) Finalmente, Lina é também uma mulher de negócios experiente, no caso de você precisar de mais motivos para gostar dela.

Todos são críticos e você também pode ser

Nem tudo que reluz é ouro, nem todo mundo que vaga está perdido e nada pode continuar perfeito (exceto a obra-prima de Joss Whedon: *Serenity*). Não, nem mesmo as coisas que você ama (a não ser *Serenity*). Talvez sua série favorita tenha trocado de produtor e tenha piorado muito, o melhor título dos Novos 52 ganhou um novo desenhista ou a adaptação para o cinema deixou de fora a parte mais importante do livro. Ou talvez algo ainda pior tenha acontecido, como um programa excelente cometer um erro sério a respeito da representação de minorias, ou um criador atacar outro com terríveis ofensas sexistas. Quando acontecer algo terrível no seu fandom, você vai querer reclamar disso on-line. E deveria *mesmo*.

É importante avaliar criticamente tudo o que você lê, vê ou joga — mesmo se for algo criado por outras garotas. (A misoginia institucionalizada na sociedade significa que algumas mulheres acabam criando personagens femininas que infelizmente mantêm padrões sexistas.) Isso não quer dizer que você não pode curtir as coisas, mesmo quando não sejam perfeitas. (Não estou dizendo para você boicotar cada jogo com um protagonista masculino branco de camisa xadrez ou para parar de ler seus romances juvenis!) Mas ser crítico com a mídia de que gosta e expressar-se de maneira positiva e útil é o método ideal para conseguir que um público maior entenda os problemas que estão por aí.

O termo acadêmico chique para curtir as coisas apesar de problemas ocasionais é "distanciamento crítico", ou seja: aquele momento em que você dá um passo atrás, pondera e escreve uma grande postagem no seu blog sobre como aquela história em particular poderia ser melhor. Distanciamento crítico permite iniciar um diálogo sobre as coisas de que você realmente gosta, o que é muito melhor do que fazer um post gigante sobre algo que odeia.

Não tem certeza se está vendo ou lendo de acordo com os padrões da geek feminista? Aqui estão alguns pontos nos quais reparar.

Passa no teste de Bechdel?

Criado pela quadrinista Alison Bechdel, é simples: o filme passa pelo teste se tem (a) duas personagens femininas nomeadas, (b) que conversam uma com a outra, (c) sobre qualquer coisa que não seja um homem. Parece bem fácil, mas a quantidade de histórias que não passam nesse teste é chocante. No entanto, o teste de Bechdel não é à prova de tudo! Muitas pessoas consideram *Círculo de fogo* como um filme maravilhosamente feminista, empoderador para as mulheres e tal, mas ele não passa no teste de Bechdel. Embora seja bem útil para usar em histórias individualmente, é melhor quando usado no conjunto (i.e., VEJA QUÃO POUCOS FILMES PASSAM NESSE TESTE! TEMOS DE MUDAR AS COISAS! HULK FEMINISTA ESMAGA!).

Uma personagem feminina é colocada no "refrigerador"?

"Refrigerada" foi o termo cunhado pela autora de quadrinhos Gail Simone depois de ela ter lido uma HQ do Lanterna Verde em que o herói titular descobre que sua namorada foi morta e colocada em um refrigerador. Quando uma mulher é "refrigerada", significa que ela foi morta ou machucada para que haja seguimento na história do personagem masculino. Você viu *Thor: Mundo sombrio*? Lembra-se de quando uma mulher que é importante para Thor e Loki é assassinada e isso força os irmãos a trabalhar juntos, amadurecer e tal? Isso foi refrigerar. Não foi legal.

Quão saudável é o relacionamento?

Há um monte histórias por aí (como *Crepúsculo* e *Cinquenta tons de cinza*) que glorificam comportamentos abusivos, controladores ou mesmo violentos em uma relação "romântica". Quando lemos os livros e pensamos "uau, é tão fofo que ele aparece em sua casa, sem ser convidado, à noite, enquanto ela está inconsciente, para vê-la dormir!", intrinsecamente aceitamos esse comportamento. Se um cara que chama uma mulher por nomes rudes ou a insulta age de maneira que a assusta, a impede de ver amigos ou família, insiste em tomar todas as decisões, destrói suas coisas ou agride seus animais de estimação, ameaça se matar se ela o deixar, a abandona em um lugar perigoso ou desconhecido, propositadamente dirige de forma imprudente, olha para as mulheres como objetos, frequentemente a acusa de traição ou tem ciúme extremo de seus amigos do sexo masculino: tudo isso conta como abuso doméstico, mesmo se nunca chegar a prejudicá-la fisicamente. Não é romântico. De jeito nenhum.

A personagem feminina está sequestrada ou precisa ser salva pelo protagonista heroico masculino?

Então ela foi "donzelada" (é a donzela em perigo). Esses enredos perpetuam o estereótipo de que as mulheres são fracas e precisam de um cara para resgatá-las, e todas nós sabemos que isso não é verdade.

Os trajes sexies são verdadeiramente empoderadores ou apenas exploração?

Não há nada pior do que a mídia misógina usando um disfarce feminista. Às vezes, porém, é difícil encontrar a linha que divide empoderamento e exploração, e só porque um criador ou o escritor diz em que algo é progressivo nem sempre é. Tudo se resume à agência: quem está fazendo as escolhas e por quê. Se uma personagem lutadora descobre que pode usar seus verdadeiros poderes somente quando usa a roupa sexy (o pacote completo, com decote, fendas e saltos), pode até parecer positividade para o corpo, mas não é realmente uma escolha justa. Nossa amiga não escolheu a roupa porque assim se sente radical; apenas se resignou a ser um objeto sexual, porque a alternativa é não ter poder. Complicado, mas viu como seria fácil parar em "parece bastante empoderador, vamos fazer"? É por isso que nós estamos usando nossos incríveis chapéus de pensamento crítico (o meu tem penas).

O poder da vilã final é um poder sexy?

Toda vez que uma vilã maligna (aliens disfarçadas de mulheres sexies para capturar homens, vagabundas vampiras demoníacas, você conhece o tipo) usa sua sexualidade para vencer os pobres homens (que não têm nenhuma defesa contra as seduções femininas, claro), isso reforça a ideia de que a sexualidade feminina e a liberdade sexual são assustadoras, malignas e devem ser restringidas a todo custo. Afinal quem pensaria mal dos homens???? Nada legal! Às vezes, queremos apenas transar e ninguém precisa morrer por isso!

Tem só uma garota em um elenco de muitos?

O termo em inglês *tokenism* é usado para definir aquelas histórias nas quais há todo um elenco de caras e apenas uma única garota, só para dizer "ah, bem, sim, temos uma garota, então ninguém pode reclamar"; uma coisa bem péssima. A ensaísta e crítica Katha Pollitt chamou esse fenômeno de "Princípio da Smurfette" depois de notar essa disparidade em programas infantis, mas o mesmo se aplica a quase tudo. "A" garota na história? Não é legal.

Há uma garota dos sonhos maníaca?

Você conhece o tipo: garota superpeculiar, unidimensional, impossivelmente empolgada, sem nenhuma história própria e sem uma verdadeira personalidade. A garota dos sonhos existe apenas para ensinar o protagonista masculino uma lição a respeito de si mesmo ou da vida; então a garota dos sonhos vai embora e o cara aprende a lição. Ela, porém, não ganha nada com isso, pois é uma personagem que só existe para promover a história de um cara (ou, em outras palavras, ela é um objeto de cena). Em inglês, é chamada de "Maniac Pixie Dream Girl".

Então você quer criticar... mas como?

Transformar suas queixas em algo positivo e produtivo é fundamental. E você pode usar seu fandom como ponto de partida para iniciar uma discussão séria sobre uma questão maior. Todo mundo ganha!

Apague o fogo.

Postar coisas raivosas é inútil. Dessa forma, vai lentamente começar a se transformar em um dos estúpidos trolls que circulam pela internet (e vai atrair outros trolls para si). Indignação justa é ok. POSTS TODOS EM MAIÚSCULA GRITANDO não são.

Pense em uma forma melhor.

Vá em frente e poste no Tumblr algo a respeito de algum grande problema na mídia, mas então também sugira medidas que podem ser tomadas para resolvê-lo. Se pessoas suficientes no fandom começarem a questionar o que há de errado, a grande mídia vai tomar consciência e muitas vezes pode até mudar. Quanto mais consciente e crítica você for, mais capaz será de apreciar as coisas que ama.

Expulse os haters...

Fandoms deveriam ser abertos para todos, e não é bonito quando fãs começam a fazer panelinhas. Se vir alguém sendo excludente, rude ou intencionalmente dando uma de ignorante nas discussões on-line, expulse-os. Seja educada e não fique muito brava de cara — é provável que o fã que agiu mal não tenha percebido que está fazendo algo prejudicial. Você poderia mudar as coisas com uma mensagem rápida ("Tenho certeza de que você não quis dizer isso dessa forma, mas usar essa palavra pode ser ofensivo") e pode até fazer um novo amigo no processo.

... mas não leve para o lado pessoal.

Embora seja muito bom levantar erros em um conteúdo que você gosta, certifique-se de focar a crítica naquele conteúdo, e não nas pessoas que o fazem. Quando seus ataques começam a ficar pessoais, é o momento em que começa a prejudicar o fandom. Mesmo que você pense que Steven Moffat está acabando com as personagens femininas de Doctor Who, não o xingue; em vez disso, foque a

falta de desenvolvimento da personalidade da Clara. (Moffat pode ser o produtor, mas ele certamente não é o responsável por escrever todos os episódios estrelados por Jenna Coleman.) A reclamação do fandom sobre uma personagem deturpada ou uma história mal planejada pode chegar aos criadores, mas não bata à sua porta (ou conta no Twitter ou Tumblr) cheia de sarcasmo e mesquinhez. Trabalhe com outros fãs para sensibilizá-los como um grupo. Criadores e executivos são muito mais propensos a ouvir uma crítica se ela fizer parte de um movimento de muitos fãs (em oposição a seu post QUE GRITA solitário).

Personagens femininas fortes. Colocando seu feminismo em ação

Ah, olá, *garota maneira*. Olhe para você, toda geek e feminista. Amei. Agora que sabe o que significa ser uma grande feminista geek e uma fantástica pensadora crítica sobre questões de sexismo; por que não dar uma olhada em algumas das coisas que pode fazer para colocar o feminismo em ação?

Compre e apoie conteúdo criado por mulheres!

Mulheres ainda são incrivelmente mal representadas como diretoras, escritoras e artistas em todas as formas de entretenimento, então, quando uma boa aparece, precisamos apoiá-la. Quanto mais dirigirmos nosso suado dinheiro em direção à mídia feita por garotas, mais delas (espero) começarão a ser contratadas.

Voluntarie-se para uma organização sem fins lucrativos centrada em mulheres!

Há tantas organizações fantásticas que ajudam as mulheres no mundo geek, como a *Dress for Success*, *Girls Who Code* ou mesmo a *RodAda Hacker*. Se tiver tempo livre, por que não doar algumas horas para melhorar a vida das outras garotas no mundo nerd? Mesmo algo como uma "irmã mais velha" ou uma "madrinha" de uma garota órfã pode fazer uma diferença enorme.

Seja um modelo de conduta!

Assim que nascemos, começamos a aprender o que significa ser uma "garota". Toneladas de coisas bem-intencionadas condicionam o modo como pensamos sobre nós mesmas: brinquedos cor-de-rosa ou azuis, receber elogios a respeito da nossa aparência e não da nossa inteligência, tratamento de boneca e não de gente. Não faça o mesmo! Presenteie meninas com Legos do corredor de brinquedos para "meninos", diga a meninas que são inteligentes, em vez de lindinhas, pergunte-lhes o que gostam de ler. Leve sua sobrinha ao museu de história natural e depois pinte as unhas dela de vermelho enquanto assistem *Star Trek*. O mesmo vale para garotos: ensine que não podem bater em ninguém e deixe que brinquem com Barbies se quiserem. A próxima geração agradece.

Use os pronomes de acordo com a preferência do interlocutor!

Pronomes pessoais e pronomes possessivos são palavras que se referem às pessoas com quem você está conversando (como "ela", "ele", "dela" ou "dele"), mas nem todo mundo está feliz com o pronome que você assume que eles usam. Se não tem certeza, não tem problema perguntar; uma vez que você saiba do que essa pessoa gosta, sempre use esses pronomes. Se possível, tente usar tratamentos neutros como "você".

Seja interseccional!

Isso só significa ouvir e respeitar pessoas de todos os tipos. Afinal, feminismo não é só para o tipo de pessoa que você é. É para todos, e você não pode realmente olhar para a opressão sem considerar gênero, sexualidade, etnia, capacidade funcional e classe. Verifique se o seu feminismo inclui as pessoas diferentes de você, todos de todos. Todos nós somos importantes!

Tenha orgulho de ser como outras garotas!

Acho que todas as garotas nerds, em algum ponto, caem no poço de misoginia internalizado de "Ah, eu não sou como as outras garotas, patricinhas são as piores", porque fomos ensinadas que estar interessadas em coisas tradicionalmente femininas como beleza nos torna burras ou superficiais. Viu como isso é errado? Lembre-se de que outras mulheres não são suas concorrentes. Deixar de lado ou se recusar a apoiar outras garotas apenas para aumentar a sua autoestima fará com que você se aventure em território troll. Estamos todos aqui para ajudar os outros, e esse é o caminho – similar ao da Sailor Senshi, mas sem as sequências de transformação brilhantes (se pudesse, seria demais!).

Expulse a misoginia!

É como no metrô: "Se você vir alguma coisa, denuncie". Se presenciar um ato de sexismo ou encontrar algo misógino na mídia, denuncie. Se todas elevarmos a voz em um volume alto o suficiente, as pessoas e as empresas vão começar a ouvir.

Valorize-se e as coisas que criar!

Você é importante. É forte, corajosa, linda, incrível e importante. Não deixe ninguém desvalorizar o que você faz, as coisas em que acredita ou quem é. Você é incrível e as suas opiniões são válidas. Acredite nisso!

Agora, voe com as próprias asas,
sua geek feminista recém-formada!
Para o alto e avante para construir o futuro!

Entrevistas com

Kate Leth,

Laura Kate Dale,

Victoria Schwab

e Cynthia Loyst

KATE LETH

Criadora dos quadrinhos Kate or Die!, escritora para a animação *Bravos guerreiros*, fundadora do coletivo *Beware the Valkyries* de garotas que trabalham em gibiterias

@KateLeth

O que "garota geek" significa para você?

É tudo questão de entusiasmo. A cultura geek nasce do amor absoluto e imperturbável pelas coisas que tocam seu íntimo. É o que sinto com quadrinhos, filmes, videogames, comida, sei lá! Eu sou uma geek de tudo. Surto quando conheço pessoas que me inspiram. Vou a estreias à meia-noite. Tenho uma gaveta de camisetas com referências nerd. Adoro ser parte de um mundo que incentiva a emoção.

Como ser uma geek influenciou positivamente a sua vida?

Em todos os sentidos possíveis. Ler os quadrinhos do *Archie* me levou a tentar fazer quadrinhos. Ler quadrinhos me levou a fazê-los. Essa é a minha carreira, meu grupo de amigos, meu estilo de vida! Antes de começar a trabalhar em uma loja e fazer quadrinhos na internet, eu estava triste, aborrecida, era uma aluna medíocre que abandonou a faculdade. Ainda sou uma desistente da faculdade, mas estou escrevendo quadrinhos profissionalmente e viajando por toda parte para convenções ou para visitar amigos que conheci através do mundo nerd. Tem sido fantástico e eu sou incrivelmente sortuda.

Que conselho daria para as garotas geek, para a carreira delas ou a vida pessoal?

Não deixe ninguém dizer que não pode amar as coisas que ama. Há guardiões, elitistas e chauvinistas em todos os setores, mas há muito mais pessoas boas do que ruins. Encontre o seu povo. Se é uma criadora de qualquer natureza, isso é ainda mais importante. Encontre o seu grupo de malucos. Faça amigos e aliados. Faça cosplay de sua guerreira interior. Rejubile-se.

LAURA KATE DALE

Membro-fundadora do IndieHaven.com; desenvolvedora do jogo You are the reason; colaboradora do *Guardian*, *Kotaku UK*, *MCM Buzz* e outros veículos

@LauraKBuzz

O que "garota geek" significa para você?

Geek é alguém que ama o que ama e não tem vergonha de mostrar a sua paixão com a esperança de encontrar outras pessoas para dividir esse amor. Você sabe que as coisas que ama não são perfeitas, mas as ama mesmo assim.

Como ser uma geek influenciou positivamente a sua vida?

Desde viajar para eventos e conversar com criadores de meus jogos favoritos até me tornar parte de grupos ativos no Twitter, ser uma geek me ajudou a colocar enormes anúncios que me levaram a conhecer outras mentes geeks e me reunir com elas. Falei com pessoas em todo o mundo sobre as coisas de que gosto, as coisas que odeio, sobre as quais eu não tenho certeza, e tudo o mais que experimentei. Amo saber que, se eu odiei o novo episódio de *Doctor Who*, não só posso encontrar pessoas para compartilhar a dor como também posso encontrar pessoas que gostaram e aprender com as diferenças.

Que conselho daria para as garotas geek, para a carreira delas ou a vida pessoal?

Fale com as garotas geek que você acompanha on-line e demonstre quanto admira o trabalho delas. Todas nós estivemos onde você está hoje, querendo amar nossa coisa favorita sem ser odiadas por invadir "espaço de meninos". Gostamos de ouvir que nosso trabalho faz as pessoas felizes e estamos sempre animadas para ajudar a próxima geração de meninas geek a ser tão incrível quanto possível.

VICTORIA SCHWAB

◇◆◇

Autora de muitos livros incríveis, incluindo *A bruxa de Near*

@veschwab

O que "garota geek" significa para você?

É um símbolo de honra. Significa ser apaixonada o bastante por algo que não só você quer apreciar, e se conectar com outros que apreciam, mas também é uma necessidade intensa de apresentar essas coisas para outras pessoas. Você é uma emissária, uma missionária, que converte novos fãs sempre que puder. Não há alegria maior do que recrutar novos integrantes para seus grupos.

Como ser uma geek influenciou positivamente a sua vida?

A melhor parte de ser uma geek é que nunca está sozinha. O que quer que você ame, o que quer que seja geek a respeito, há outros que são geek também. Eu encontrei comunidades em lugares improváveis e ao redor de coisas improváveis. E o reforço positivo de perceber que não estou sozinha em minha paixão me ajudou a *ser* apaixonada, a ser eu mesma. Quando eu era jovem, evitava mostrar muito entusiasmo sobre as coisas que amava, porque estava com medo; agora sou mais barulhenta do que nunca. E espero que tenha inspirado meninas mais jovens a ser barulhentas também.

Que conselho daria para as garotas geek, para a carreira delas ou a vida pessoal?

Abrace a sua nerdice. Aceite-a. Compartilhe-a. Você é um planeta: tem massa, gravidade e órbita. Não feche as portas para as pessoas, mas não mude quem é apenas para atraí-las. Os que recebem você vão derivar em sua atmosfera. Os que não recebem são desordem do espaço; deixe-os à deriva para que encontrem as próprias órbitas.

CYNTHIA LOYST

Especialista em relacionamentos e sexo geek e apresentadora de TV

@CynthiaLoyst

O que "garota geek" significa para você?

Geek é alguém que regularmente fantasia estar em outro mundo. Em outras palavras, como uma geek, muitas vezes eu me imagino saindo com (ou pegando) personagens de terras imaginárias.

Como ser uma geek influenciou positivamente a sua vida?

Primeiro, gostar de conteúdos geek sempre massageou minha imaginação e meu espírito criativo como nenhuma outra coisa. Eu me tornei uma guerreira no reino mágico de Hyrule; imaginei como sobreviveria em um mundo pós-apocalíptico cheio de zumbis; e tentei definir qual o local e a hora (e Doutor) eu escolheria se encontrasse a TARDIS.

Segundo, ser uma geek me permitiu entrar em contato com meu lado masculino. Quando eu estava crescendo, meninas eram consideradas fracas e/ou precisavam de ajuda para ser resgatadas. Então, quando estava brincando de Star Wars, G-Force: Defensores do espaço ou Superamigos, quase sempre escolhia um papel masculino. O que ajudou a me tornar uma mulher que está em contato com sua feminilidade e sua masculinidade. (Dito isso, estou feliz em testemunhar mais personagens femininas no mundo geek nos últimos anos.)

Por fim, acho que definitivamente foi algo bom para a minha cara-metade. Ele ficou tão deleitado ao encontrar uma garota que gosta de videogames!

Que conselho daria para as garotas geek, para a carreira delas ou a vida pessoal?

Não tem problema ser crítica de coisas da cultura geek. Continue a fazer o que você faz, o que gosta, e ignore quem tenta lhe envergonhar por não ver as coisas do mesmo jeito que eles.

Recursos

Os melhores sites para garotas geek que querem ficar acordadas até às quatro da manhã

Claro, qualquer um pode circular em sites nerds comuns como io9, Think-Geek, Judão, Omelete ou MdM, mas e aqueles lugares na internet que atendem especificamente você, a garota geek? Aqui vai uma lista dos meus recursos on-line favoritos para garotas. Só não me culpe quando sua carteira esvaziar ou você ficar acordada até tarde da noite.

NOVIDADES, NOVAS IDEIAS E NOVOS AMIGOS

The Mary Sue

Themarysue.com

Se você é uma garota geek que lê em inglês e está na internet, tem de acessar o Mary Sue. O site promove, segue, exalta e celebra a representação das mulheres em nerdice, tecnologia e ciência; é uma comunidade inclusiva (as seções de comentários sobre cada artigo são um refúgio de discussão inteligente). Transparência: sou editora no TMS, mas só porque eu AMO MUITO.

Garotas Nerds

Garotasnerds.com

Se você é uma garota geek e curte internet, deveria checar esse site. É uma página brasileira com notícias e curiosidades sobre cinema, games, quadrinhos, gadgets, séries, música etc. Os artigos mostram acontecimentos e produtos curiosos inspirados pelo mundo nerd.

Garotas geek

Garotasgeeks.com

O Garotas geek é um site com o melhor da cultura geek de forma bem-humorada e sem frescura! Visa trazer o melhor do conteúdo geek/nerd e pop para os leitores, com uma visão feminina, mas sem ser cor-de-rosa.

Criando meu cosplay

Criandomeucosplay.blogspot.com.br

Blog com inúmeras dicas para as cosplayers de plantão, com vídeos, sugestões e tutoriais para que possam elaborar seu próprio cosplay em casa, de forma barata e simples.

Garota Gamer

Garotagamergg.com

Blog criado para mostrar que há garotas que realmente gostam de games e entendem do assunto. O grupo de amigas busca sempre trazer com bom humor notícias, imagens e vídeos que não se relacionem só com o mundo gamer, mas também com as leitoras.

Lady's Comics

Ladyscomics.com.br

Este site (feminista!) diz com todas as letras que "HQ não é só pro seu namorado". Além de vários artigos bacanas sobre quadrinhos com colaborações especiais, em 2014 as integrantes do site organizaram o 1º Encontro Lady's Comics, com o tema "Transgredindo a representação feminina nos quadrinhos", em que aconteceram debates, exposição e venda de HQs feitas por mulheres.

International Geek Girl Pen Pals

Geekgirlpenpals.com

Você ama cultura geek e trocar cartas? Então deveria se inscrever no programa IGGPP. A partir de interesses similares, é escolhida uma garota para trocar cartas com você. Ótimo para fazer novas amigas e trocar presentes geek. O site é todo em inglês, mas também fazem ligação entre falantes de francês e espanhol.

YOUTUBERS

Amy Dallen

Youtube.com/amydallen

Vlogueira no canal da deusa geek Felicia Day *Geek & Sundry*, Amy fala a respeito de quadrinhos, tipo, o tempo todo. Ela trabalha em uma gibiteria e consegue relacionar qualquer coisa a HQs — seu programa é chamado "Amy Dallen Talkin' Comics" [Amy Dallen fala de quadrinhos]. Os vídeos são todos em inglês.

Garotas geek

Youtube.com/user/garotasgeeks

Receitas malucas, entrevistas, games e coisas do cotidiano. Esse grupo compartilha algumas coberturas de eventos, suas opiniões sobre jogos e aventuras. A série "Garotas geek na Cozinha" vale muito a pena.

Maddu Magalhães

Youtube.com/user/maddumagalhaes

Maddu Magalhães ensina a fazer penteados, comidas e gadgets nerds, além de dar dicas de reciclagem para se virar na decoração com pouco dinheiro. Com uma animação sobrenatural, ela mostra como deixar tudo mais bonito e divertido.

Pense Geek

Youtube.com/user/PenseGeek

Diferentemente dos outros, este canal é um grande caldeirão de cultura geek. Mariana Delveccio expressa suas opiniões sem pudor, levando a discussões entre os internautas. Fala um pouco de tudo, chama amigos para passar dicas e comentar diferentes assuntos, sempre com animação.

Feminist Frequency

Youtube.com/user/feministfrequency

A vlogueira Anita Sarkeesian apresenta séries de vídeos sobre a representação feminina na cultura pop. Fala de livros, filmes, quadrinhos, brinquedos, mas sua paixão são mesmo os games. Acima de tudo, critica a misoginia que permeia tudo isso. Os vídeos são todos em inglês.

TECNOLOGIA

Women's Coding Collective

Thewc.co

O WCC é uma organização sediada em Boston, Estados Unidos, que quer acabar com a disparidade de gênero na tecnologia (viva!). Por 50 dólares, você pode escolher entre uma variedade de cursos on-line (em inglês) de duas semanas, incluindo CSS, SEO, Java, Wordpress, e muito mais!

GirlGeeks

Girlgeeks.org

Grande comunidade on-line para garotas interessadas em tecnologia e computação, GirlGeeks tem informações sobre educação e carreiras, e até um destaque para a Garota Geek da semana!

RodAda Hacker

Rodadahacker.com e redes sociais

Pensada especialmente para meninas e mulheres que desejam aprender a programar. É um dia inteiro de oficina para colocar a mão na massa, trocar ideias, compartilhar e construir projetos na rede. A ideia é reforçar o papel de meninas e mulheres na área de tecnologia digital para que a história da internet tenha muitas novas protagonistas.

COMPRAR ROUPAS

Her Universe

Heruniverse.com

A incrível atriz Ashley Eckstein (a Ahsoka Tano de *Star Wars: The Clone Wars*) é a dona dessa marca de roupas para garotas fãs de ficção científica. Pegue vestidos temáticos bonitos, calças e muito mais (as linhas de *Star Wars* e *Doctor Who* são especialmente legais).

Camisetaria

Camiseteria.com

Com inúmeras estampas incríveis, a loja oferece grande variedade de estilos de ilustrações. Você poderá escolher entre camisetas fofinhas e outras mais hardcore.

Loja Otaku

Lojaotaku.com.br

Aqui você encontrará muito de muito: acessórios, pelúcias, camisetas, moletons e até cosplay. Há colares, brincos, braceletes, anéis; tudo o que você precisa para complementar seu visual.

Nerd Wear

Nerdwear.com.br

A Nerd Wear possui menos variedade em relação às outras lojas, mas em compensação há produtos inusitados, como uma camiseta com capa removível e pen-drives do Avengers.

Loja Mundo Geek

Lojamundogeek.com.br

Imagine uma loja com os produtos mais legais, canecas dos anões, mochila do R2-D2, luminárias do Homem de Ferro e até formas de gelo do Tetris. Aqui você poderá encontrar ótimos presentes nerds para amigos e amigas.

True Nerd

Truenerd.com.br

Camisetas simples e diretas, com frases e silhuetas marcantes, além de moletons e canecas. A loja oferece também serviço de personalização.

DICAS DE MODA

Fashionably Geek

Fashionablygeek.com

Com incríveis colaboradoras como Amy Ratcliffe, Nicole Wakelin e Geek Girl Diva, Fashionably Geek é um fantástico recurso para as melhores dicas de cosplay e de moda nerd.

Nerd e Vaidosa

Nerdevaidosa.com

Blog de Deborah Ricardo dedicado principalmente a beleza, decoração, séries e filmes, além de livros. De acordo com a própria blogueira, o objetivo é mostrar que uma nerd pode, sim, ser vaidosa e gostar do mundo da moda.

Vogeek

Vogeek.com.br

Blog de moda voltado para o universo geek, que busca traduzir as principais tendências de uma forma diferente e mais descontraída, por meio de editoriais de moda e tutoriais, além de notícias relacionadas ao mundo fashion e nerd.

PRODUTOS DE BELEZA

CutePolish

Youtube.com/user/cutepolish

A melhor série de vídeos do YouTube para garotas interessadas em nail art. Tutoriais em inglês supersimples para a mais desajeitada das manicures (todas já passamos por isso).

Beauty Nails Plus

Youtube.com/user/Beautynailplus

A brasileira Leila Ramos ensina técnicas e segredos para fazer nail arts fantásticas. Seus vídeos são fáceis de seguir e não se limitam a uma única temática. Há artes abstratas, degradês, cores claras e escuras, e até desenhos para o Halloween, além de personagens como os minions.

iEsmalte

Youtube.com/user/iEsmalte

Nail art nível hard. Aprenda a fazer desenhos do Bob Esponja, cupcakes, balões de quadrinhos, Harry Potter etc. Depois use seus novos conhecimentos para inventar suas próprias artes e compartilhar com o mundo.

TUTORIAIS DE COSPLAY

CosplayTutorial

Cosplaytutorial.com

O melhor amigo da cosplayer, o CosplayTutorial tem de tudo, desde dicas detalhadas para perucas até um gerador de lista de coisas para levar a uma convenção. O conteúdo está todo em inglês.

Dicas de cosmaker

Youtube.com/user/dicasdecosmaker

Já se perguntou como os cosplayers fazem suas armas e armaduras? Bem, aqui você descobrirá como fabricar espadas, machados, chakras, máscaras etc. Toda artilharia necessária para dominar o mundo.

Narumi Kataiama
Youtube.com/user/NarumiKataiama
Narumi Kataiama conhece todos os macetes de maquiagem, cabelo, acessórios, lentes de contato. Em seus vídeos, ela mostra todo o passo a passo e faz indicações de onde comprar acessórios e roupas.

MATERIAL PARA COSPLAY

Cosplay.com
Cosplay.com
Você pode comprar e vender qualquer coisa que sempre quis como uma cosplayer na opção do menu Marketplace. Muitos cosplayers profissionais também publicam anúncios para encomendas, por isso é um bom lugar para caçar versões feitas sob medida. O site, norte-americano, está todo em inglês.

Nipon Cosplay
Niponcosplay.com.br
Precisando de perucas, lentes de contato ou mesmo sapatos? Esse é o lugar certo para procurar. No caso de precisar de um cosplay de última hora ou não ter paciência para elaborá-lo, pode comprá-los prontos aqui.

Cosplay Universe
Cosplayuniverse.com.br
Como o nome indica, é uma loja com grande variedade de produtos. Vendem perucas, lentes de contato, tonalizantes para cabelo e acessórios específicos de séries, como Harry Potter, Naruto e Kingdom Hearts.

Lolipop
www.lolipoploja.com
A Lolipop oferece uma variedade de saias, vestidos, gargantilhas, blusas, máscaras, tudo o que você pode querer para criar um cosplay romântico e sexy.

DICAS PARA PLANEJAR UMA FESTA

The Geeky Hostess

Thegeekyhostess.com

Tara Theoharis comanda esse site, em inglês, no qual você pode encontrar de tudo para tornar seu espaço o lugar perfeito para uma noite de festa nerd. Ela ainda faz sua própria linha de polvilho para projetos de doces geek.

Candy 4 Nerds

Facebook.com/Candy4Nerds

Adora doces, mas não quer cozinhar? Boas notícias, há nerds dispostas a criar os doces mais bonitos e gostosos para sua festa. Bolos e cupcakes decorados para ninguém dizer que você não tem bom gosto.

Miolos Fritos

Youtube.com/user/miolosfritos

Imagine o que um grupo de amigas nerds na cozinha pode aprontar! Vermes de gelatina, um tender que parece um cérebro, dentre outros. O grupo também possui uma série chamada Cook'n Play no canal do Youtube Tastemade Brasil.

Obrigada, obrigada, obrigada...

A Teddy Wilson, porque sem seu amor, apoio e entregas de sanduíche, eu não teria sobrevivido ao processo de escrita deste livro.

A Maria Vicente, a melhor agente do mundo, porque você me encontrou, transformou-me em autora e ajudou a moldar este livro. E para o gato de Maria, Willow, cuja bunda faz as conversas pelo Skype muito mais divertidas.

A Blair Thornburgh, editora extraordinária, porque você não só foi a campeã deste livro como também pegou meu falatório feminista incoerente e o tornou algo realmente bom.

A Andie Reid pelo seu incrível design, e a Kelly Bastow por suas belas ilustrações. Este livro seria uma sombra de si mesmo sem seus desenhos brilhantes.

Ao incrível e inspirador time do Mary Sue, porque é constantemente uma honra trabalhar com todos vocês.

A Karyn Hepburn (Stargate), Elena Iosef (Smallville), Meghan Campbell (Game of Thrones), Soha Kareem (Garnet), Emma Fissenden (Troy Baker), Danny McMurray (Nellie McClung), Rachel Wharton (Joss Whedon), Sarah Wild (fúria) e a todas as outras garotas geek que trazem tanta alegria para a minha vida. Amo vocês.

A todos os meus amigos incríveis e garotas geek que encontrei pela internet; todos são muito mais talentosos do que eu, e tenho sorte de conhecê-los. E aos amigos de longa distância, que me enviam mensagens dia e noite para manter a minha sanidade mental, vocês sabem quem são, e meus agradecimentos são infinitos.

Ao Starbucks de Rosedale (e a seu constante fluxo de amostras grátis), porque eu fiz este livro dentro de você. Eca.

A Guillermo del Toro, Ramin Djawadi e Tom Morello, porque escrevi todo este maldito livro com a música tema de *Círculo de fogo* na cabeça.

A BioWare, porque eu não seria uma gamer sem *Baldur's gate*, e eu não teria sido capaz de terminar este livro sem a trilogia *Mass effect*.

E a você, garota geek. Continue a ser quem você é. E obrigada pela leitura.

Este livro foi impresso pela gráfica Vida & Consciência
em papel offset 75g.